DEN NYA ELMARKNADEN

NICLAS DAMSGAARD
RICHARD GREEN

# Den nya elmarknaden

*Framgång eller misslyckande?*

SNS FÖRLAG

SNS Förlag
Box 5629
114 86 Stockholm
Telefon: 08-507 025 00
Telefax: 08-507 025 25
E-post: order@sns.se
www.sns.se

SNS – Studieförbundet Näringsliv och Samhälle – är ett fristående nätverk av ledande beslutsfattare i privat och offentlig sektor med engagemang i svensk samhällsutveckling. Syftet är att skapa underlag för rationella beslut i viktiga samhällsfrågor genom forskning och debatt.

SNS bedriver samhällsforskning med forskare från universitet och högskolor i Sverige och utlandet, ger ut böcker på eget förlag samt arrangerar konferenser, kurser och lokala medlemsmöten. SNS är en allmännyttig ideell förening som finansieras genom medlemsavgifter, forskningsanslag, bokförsäljning och konferensavgifter samt genom årsavgifter från företag, myndigheter och organisationer.

*Den nya elmarknaden. Framgång eller misslyckande?*
Niclas Damsgaard och Richard Green
Första upplagan
Första tryckningen
Originalets titel: Regulatory Reform in the Swedish Electricity Industry – Good or Bad?
Översättning: Birgitta Johansson


Omslag och sättning: Patrik Sundström
Tryck: Kristianstads Boktryckeri AB, Kristianstad 2005

ISBN 91-85355-23-2

# INNEHÅLL

# UTGIVARENS FÖRORD

För drygt tio år sedan presenterade SNS ett underlag till den diskussion som då ägde rum om »systemskiftet« på elmarknaden. Boken hette »Den nya elmarknaden« (SNS Förlag 1994). Författare var *Lars Bergman*, *Thomas Hartman*, *Lennart Hjalmarsson* och *Stefan Lundgren*. I boken studerades bl.a. hur konkurrens på elmarknaden skulle kunna uppnås på en »fri« marknad, hur prisbildningen skulle kunna fungera och hur investeringar skulle komma till stånd. Den 1 januari 1996 trädde elmarknadsreformen i kraft.

Under 2004 aktualiserades idén att SNS ungefär tio år efter reformens genomförande på nytt skulle studera elmarknadens avreglering. Vi lyckades engagera en internationellt etablerad brittisk professor, *Richard Green*, för att genomföra en studie. Richard Green har en bred erfarenhet inom energiområdet och har genomfört studier av elmarknader i flera olika länder. Han hade redan innan SNS kunde knyta honom till projektet i olika sammanhang deltagit i projekt som berör svensk elmarknad. Han behövde således inte börja från början. Richard Green tillträdde sommaren 2005 som chef för det nybildade Institute for Energy Research and Policy vid University of Birmingham. Vid projektets start var han professor vid University of Hull och dessförinnan ingick han i en forskargrupp vid University of Cambridge.

Som svensk medförfattare kunde vi engagera ek.dr *Niclas Damsgaard*, som 2003 lade fram sin avhandling om elmarknaders avreglering och reglering vid Handelshögskolan i Stockholm. Han är numera verksam vid konsultföretaget ECON.

Elmarknadens avreglering innebar att en helt ny modell skulle börja fungera. I boken analyseras hur elmarknaden utvecklats sedan 1996. Elpriser, investeringar i kraftproduktion och gränsöverskridande handel med el studeras i detalj. Några policyfrågor behandlas också ingående: regleringen av elnäten, konkurrensen på råkraftmarknaden och slutkundmarknaden, om Sverige ska ha regionala prisområden och hur förnybar energiproduktion ska stimuleras. Avslutningsvis genomför författarna en kostnads-intäktsanalys, som mynnar ut i en beräkning av samhällsekonomiska vinster av avregleringen.

Det är vår förhoppning att författarnas studie kan bidra till debatt och vara underlag för fortsatta reformer på den svenska och nordiska elmarknaden. För analys och förslag svarar helt och hållet bokens författare. SNS som organisation tar inte ställning till dessa. SNS uppdrag är att initiera och presentera forskningsbaserade analyser av viktiga samhällsfrågor.

Inom samma projekt har en kompletterande studie om »Klimatmål, utsläppshandel och svensk ekonomi« genomförts av fil.dr *Martin Hill* och professor *Bengt Kriström*.

Projektet har kunnat genomföras tack vare bidrag från ett antal företag, myndigheter och organisationer, se förteckning på annan plats i boken. Arbetet har bedrivits i nära samarbete med en referensgrupp bestående av representanter för finansiärerna. Referensgruppen har i särskild ordning tagit ställning till analys och slutsatser. Uttalandet återfinns på SNS webbplats, www.sns.se.

*Tomas Bruce*, tidigare vd i Birka Energi, har varit en uppskattad och pådrivande ordförande i referensgruppen. Till hela referensgruppen framförs här ett tack för många konstruktiva synpunkter och stimulerande diskussioner kring de kapitelutkast som författarna levererat under arbetets gång. *Alma Zunic*, forskningsassistent på SNS, har på ett smidigt sätt hjälpt till med bokens figurer.

Stockholm i augusti 2005
STEFAN SANDSTRÖM
Forskningsledare vid SNS

# FÖRFATTARNAS FÖRORD

Vi vill framföra ett tack till medlemmarna i referensgruppen, och särskilt gruppens ordförande Tomas Bruce, för deras stöd i arbetet med detta projekt. Diskussionerna vid gruppens möten var mycket stimulerande. Vi fick många konstruktiva kommentarer på utkast till denna rapport och även många uppslag att arbeta vidare med. Stefan Sandström vid SNS, som koordinerat projektet, har också bidragit med värdefulla synpunkter under arbetets gång. Vi svarar dock själva för analys och slutsatser, liksom de eventuella fel och missförstånd som kan finnas kvar.

ECON Analys och University of Hull har varit stimulerande miljöer att arbeta i. De har båda ställt resurser till förfogande så att vi haft möjlighet att träffas under arbetet med rapporten. Vi vill också lyfta fram det indirekta bidraget från Nordisk Energiforskning (programmet Energi och Samhälle), som organiserade de konferenser där vi först träffades, och som gav oss möjlighet att lära oss mycket om elsektorn i de nordiska länderna.

Stockholm och Birmingham i augusti 2005

NICLAS DAMSGAARD

RICHARD GREEN

## REFERENSGRUPP

Följande företag, myndigheter och organisationer har bidragit ekonomiskt till studien och varit representerade i referensgruppen.

Advokatfirman Vinge
AGA
Billerud
Boliden Mineral
Cementa
Fortum
Göteborg Energi
Holmen
Höganäs
Kubal
LKAB
Lunds Energi
Mälarenergi
Naturvårdsverket
Nutek
Skellefteå Kraft
SSAB Svenskt Stål
Stora Enso
Svenska Kraftnät
Svensk Energi
Sydkraft
Södra
Vargön Alloys
Vattenfall
Villaägarnas Riksförbund
Ångpanneföreningen
Östkraft/Tekniska Verken i Linköping

# A. Slutsatser och sammanfattning

Sverige avreglerade sin elmarknad den 1 januari 1996. Före avregleringen köpte konsumenter sin energi från det lokala elbolaget, som antingen producerade den själv eller köpte den från någon annan medlem i »branschklubben«. Det fanns emellertid ingen riktig råkraftmarknad och definitivt ingen konkurrens i försäljning till slutkunderna. Detta var den traditionella organisationsmodellen inom elsektorn runt om i världen, oavsett om den var privatägd, eller drevs i offentlig regi, nationellt eller lokalt. Men från slutet av 1970-talet började det växa fram tankar om det önskvärda i att minska mängden regleringar inom ett antal branscher – flyg och telekommunikationer tillhörde de områden som berördes i USA. Under 1980-talet började några länder att minska regleringsnivån på elmarknaden, och frågan var uppe till debatt i Sverige. Storbritannien och Norge inledde omfattande avregleringar av sina elbolag under 1990 respektive 1991, och Sverige följde efter några år senare. Den här boken är en studie av den processen.

Vi vill ha svar på frågorna om huruvida avregleringen varit bra för medborgarna och den svenska ekonomin, och om det finns möjligheter att förbättra den. Vårt främsta redskap för att besvara den första frågan kommer att vara en kostnads–intäktsanalys, som jämför den historiska utvecklingen av elpriser, produktion och internationell handel efter avregleringen med våra bedömningar av vad som skulle ha hänt om avregleringen inte ägt rum. Vi använder sedan dessa siffror för att beräkna huruvida konsumenter (hushåll och företag) fått det bättre eller sämre, och till att beräkna förändringar av elföretagens vinster och kostnader. Skatteintäkterna har också förändrats. Genom att summera alla dessa förändringar kan vi få ett övergripande svar på vår första fråga.

För att besvara vår andra fråga måste vi granska ett antal saker mer detaljerat. Kan vi vara säkra på att den nya strukturen främjar leveranssäkerhet? Ger den nya strukturen företagen rätt incitament för att göra de rätta investeringarna i elproduktion och elnät vid rätt tidpunkt? Har vi tilltro till de mekanismer som används för att se till så att slutkundpriserna (särskilt för hushållen) ligger på en rimlig nivå? Skulle råkraftmarknaden fungera bättre om vi ibland hade olika priser i norra och södra Sverige?

Men innan vi går vidare betonar vi att avregleringen av elmarknaden inte innebar ett fullständigt övergivande av varje form av tillsyn över sektorn. När vi talar om avreglering menar vi en ökning av användandet av marknader inom sektorn. Den mest omedelbara förändringen till följd av den svenska reformen var att Svenska Kraftnät köpte hälften av den norska kraftbörsen och bildade Nord Pool, världens första internationella handelsplats för el. Konsumenter tilläts att byta leverantör, inledningsvis genom att betala en avgift som täckte kostnaderna för en ny mätare, men den avgiften avskaffades i november 1999. För att låta producenter samt leverantörer konkurrera på lika villkor måste alla nätföretag ge andra marknadsaktörer tillgång till deras nät till lika villkor, och priserna för nyttjandet av näten granskas av Energimyndigheten.

Förespråkare av avregleringar anser vanligen att marknader kan ge bättre incitament än vad regleringsmyndigheter kan, åtminstone inom delar av sektorn. Det traditionella sättet att organisera elmarknader ansågs ha orsakat högre kostnader än nödvändigt, samtidigt som dessa kostnader kunde vältras över på konsumenterna. På en konkurrensutsatt marknad måste företag ta reda på och anpassa sig till kundernas behov, utan garantier att få tillbaka kostnader som orsakats av dåliga beslut. Marknaden är också öppen för personer med nya idéer, och om dessa är bra blir både innovatören och konsumenterna vinnare.

## Bakgrund

Före avregleringen fungerade den svenska elbranschen som en huvudsakligen självreglerande »klubb«, som dominerades av det statligt ägda företaget Vattenfall. Vattenfall svarade för omkring hälften av produktionen, privata företag utgjorde en fjärdedel av branschen och kommunala företag resten. Elen framställdes främst med vattenkraft och kärnkraft, vilket naturligtvis fortfarande är fallet. 1992 delades Vattenfall upp i och med att ägandet och driften av transmissionsnätet fördes över till det nybildade Svenska Kraftnät.

I samband med avregleringen 1996 bildade Sverige tillsammans med Norge råkraftmarknaden Nord Pool, som nu även omfattar Danmark och Finland. På denna marknad sätts priset på el timme för timme, baserat på utbuds- och efterfrågebud. Priset är högre under torrår och varierar över nationsgränserna när det uppstår flaskhalsar i elnäten.

Sammanslagningar av olika medelstora företag har gjort att Sydkraft (en del av den tyska E.ON-koncernen) och Fortum (finländskt) vart och ett utgör en femtedel av industrin, medan Vattenfall står för strax under hälften av kraftproduktionen. Dessa tre stora företag svarar också för 70 procent av försäljningen till slutkunderna. Lite mer än hälften av kunderna hade bytt leverantör eller omförhandlat sitt elavtal vid utgången av 2004. Cirka 6 procent av kunderna bytte leverantör under de 11 månaderna fram till och med februari 2005.

Elsektorn omfattas av restriktioner vad gäller byggandet av ytterligare vattenkraft och kärnkraft, och får stöd för förnybar energi. Elskatterna har stigit under det gångna decenniet, även om skatten för industriella användare är mycket låg. Enligt vår uppfattning har inte skatterna förändrats på grund av avregleringen. Vi menar också att de omfattande strömavbrotten i september 2003 och januari 2005 inte berodde på avregleringen.

## Priser

Tidigare sattes priser som skulle täcka branschens genomsnittskostnader – kommunala företag tilläts inte att gå med vinst. Priserna var i grova drag konstanta i reala termer fram till avregleringen. Figur A.1 visar att konsumentpriserna steg efter avregleringen och sedan föll fram till 2000, innan de steg kraftigt under 2001 och framöver, särskilt i slutet av 2003. Ökningen hade samband med höga råkraftpriser, som påverkades av den exceptionellt låga nederbörden hösten 2002, men slutkundpriserna föll därefter inte tillbaka i samma utsträckning som råkraftpriserna. Genom att använda producentprisindex för branschens samlade intäkter och konsumentprisindex beräknar vi ett implicit index för annan försäljning, som representerar de priser som andra kunder än hushåll betalar. Dessa föll snabbare och mer efter avregleringen. De steg nästan lika mycket som konsumentpriserna vid vattenbristen 2002, men föll sedan mycket mer än hushållens priser.

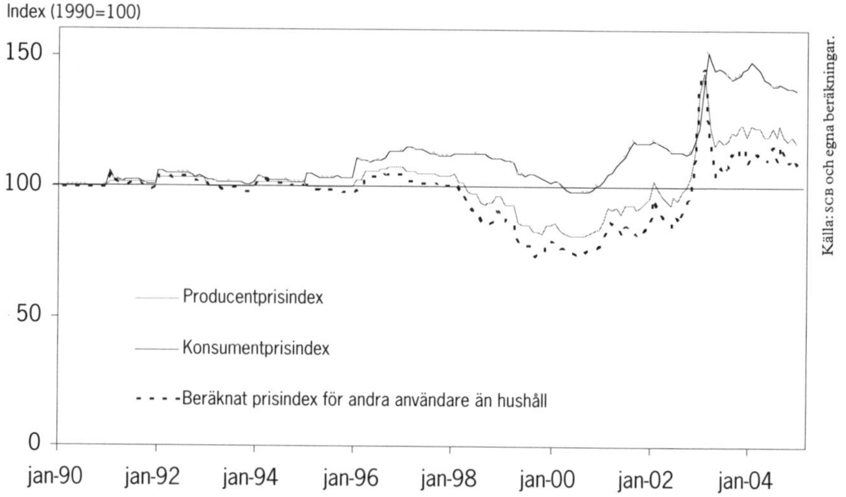


FIGUR A.1. Reala prisindex för elektricitet.

Det totala elpriset består av råkraftpris, leverantörens marginaler, nätavgifter samt skatter (som inte visas i figur A.1). Råkraftpriset på Nord Pool har varierat omvänt mot tillgången på vatten. Det var lågt mellan 1997 och 2000 och särskilt högt under 2002/03. Leverantörernas marginaler har stigit gradvis, förmodligen från nivåer som var för låga för att vara hållbara. Kunder som bytt leverantör eller omförhandlat sina avtal betalar mindre än de som inte gjort detta, och gapet har ökat över tid. Nätavgifter, som inte specificerades separat före avregleringen, har inte förändrats särskilt mycket under den här perioden.

## INVESTERINGAR

Investeringar i elproduktion är önskvärt om vi behöver ökad kapacitet för att producera den energi som konsumenterna är villiga att betala för. Så länge som marknadspriset speglar denna betalningsvilja bör producenter ha tillräckliga incitament att bygga anläggningar när så behövs.

Det har gjorts få investeringar i elproduktion efter avregleringen, och konsumtionsnivån i relation till kapaciteten har stigit. Ett av syftena bakom avregleringen var att bättre utnyttja befintlig kapacitet. Gemensamma reserver och handel med grannar gör det möjligt för Sverige att konsumera mer energi utan att behöva mer kapacitet. Reservkapaciteten föll möjligen för mycket och Svenska Kraftnät köper upp till 2 000 MW reservkapacitet, främst från anläggningar som lades i malpåse efter avregleringen. Det finns flera möjliga sätt att ersätta detta tillfälliga program. Vi konstaterar att främjandet av en större anpassningsförmåga på efterfrågesidan skulle kunna leda till kapacitetsbesparingar, och även minska elproducenters marknadsmakt.

## Internationell handel

De nordiska länderna har handlat med el under många år. Ett vattenkraftbaserat system med små kostnadsvariationer över dygnet kan handla med ett värmekraftbaserat system som har höga kostnader vid toppbelastning och låga kostnader när förbrukningen är låg. Vattenkraftsystemet exporterar vid toppbelastning och importerar när förbrukningen är låg. Det exporterar också under nederbördsrika år och

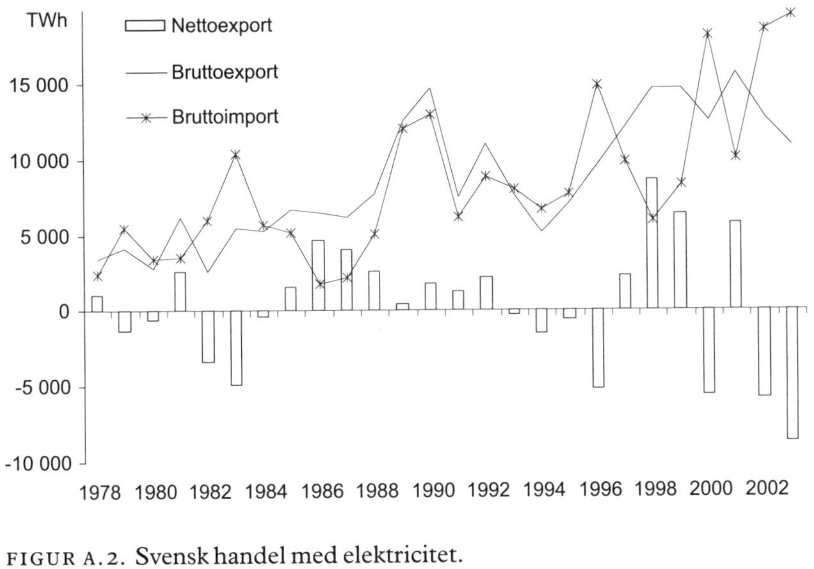


FIGUR A.2. Svensk handel med elektricitet.

Källa: Egna beräkningar utifrån data från Nordel.

importerar under torra år. Efter avregleringen förefaller handeln att ha ökat, även om förändringarna från år till år kan dölja trenden. Figur A.2 visar att Sverige var nettoexportör under de regniga åren 1997 och 1999 och importör under de torra åren 2002 och 2003. Sverige var också nettoimportör under det exceptionellt regniga året 2000, eftersom Norge hade så mycket energi att exportera. Under hela perioden efter avregleringen har emellertid Sveriges handel varit så gott som i balans.

## Nätreglering

Nätföretagen utgör naturliga monopol inom sina respektive områden och det är därför lämpligt att reglera deras priser. Regleringen bör ge företagen incitament att hålla nere kostnaderna och ha god prestationsförmåga, även om företagen bättre känner till sin egen situation än vad regleringsmyndigheten gör. Företagen måste tro att regleringsmyndigheten tillåter dem en rimlig avkastning på investerat kapital. Fram till 2003 hade Sveriges system med *ex post*-reglering varit inriktat på företag som höjt sina avgifter, vilket kan uppfattas som en (ganska svag) form av pristaksreglering.

Ett nytt regleringssystem som bygger på den s.k. Nätnyttomodellen har införts. Modellen beräknar den kostnad som ett effektivt företag skulle ha för att bygga och driva ett nät under liknande villkor som företaget i fråga har. Ovanpå detta basnät kan modellen inkludera möjligheter till extrakapacitet (en redundansfaktor) för att minska strömavbrotten. Ett företag med stor mängd strömavbrott tillåts bara få tillbaka kostnaden för basnätet, men företag med få strömavbrott tillåts räkna med delar av, eller hela, extrakapaciteten. Detta ger incitament för företaget att hålla en hög kvalitetsnivå. Många företag har emellertid för närvarande så höga avbrottsnivåer att om de gjorde små förbättringar skulle de inte få någon belöning för detta. Avbrottsnivån skulle fortfarande vara för hög för att de skulle få ta betalt för någon extrakapacitet, och de skulle bara få betalt för basnätet. Vi anser att detta inte är lämpligt och föreslår sätt på vilka företag kan få incitament att göra fortlöpande förbättringar. Samtidigt är det viktigt att koppla incitamenten att minska strömavbrotten till konsumenternas vilja att betala för högre kvalitet på näten, annars kan resultatet bli för stora investeringar. För att minska regleringsbördan, för både myndigheten och företagen, kan det vara lämpligt att ange intäkterna för flera år åt gången vid samma tillfälle, i stället för att undersöka alla företag varje år.

## Marknadsmakt

Många elmarknader har varit sårbara för marknadsmakt och stora företag kan ha förmåga och incitament att höja priset till icke önskvärda nivåer. Det har gjorts undersökningar som visat att den nordiska marknaden kan bli utsatt för marknadsmakt, särskilt om det sker fler gränsöverskridande företagssammanslagningar framöver. Samtidigt har det inte funnits mycket bevis för att priserna faktiskt har höjts i någon betydande grad så här långt. För en vattenkraftproducent innebär utövandet av marknadsmakt att produktion flyttas mellan perioder för att därigenom höja priserna vid vissa tillfällen och sänka dem vid andra (när det betyder mindre för företagets vinster), och detta är svårare att upptäcka än en direkt minskning av den producerade kvantiteten som skulle vara fallet på andra marknader, eller med andra tekniker.

Sverige har emellertid vunnit på skapandet av Nord Pool, eftersom marknaden som svenska producenter konkurrerar på nu vanligen är dubbelt så stor som en isolerad svensk marknad, och kan bli nästan tre gånger så stor. Även när det råder flaskhalsar i överföringen mellan länderna ligger priserna i Sverige mycket nära dem som råder när hela Nord Pool-området fungerar utan flaskhalsar. Även om regleringsmyndigheter bör vara på sin vakt mot ytterligare företagssammanslagningar, anser vi inte att marknadsmakt är ett allvarligt problem på råkraftmarknaden för närvarande.

Inflytande över slutkundmarknaden är en annan sak. Industrikundernas priser verkar röra sig i nära samband med råkraftpriserna, vilket tyder på att det är liten marknadsmakt där, medan hushållskundernas priser förändras långsammare. Dessutom är det en betydande skillnad mellan de priser som hushåll som bytt leverantör eller omförhandlat sitt avtal betalar och de priser som hushåll som inte gjort detta betalar. Detta kan förmodligen förklaras av (verkliga eller upplevda) transaktionskostnader för att byta eller omförhandla. Det tyder på att redan etablerade leverantörer har marknadsmakt för de kunder som inte bytt, och att de anser det vara mer lönande att hålla uppe sina priser än att minska marginalerna och försöka behålla dessa kunder. Konkurrensen har kanske inte varit tillräckligt stark för att skydda alla hushållskunder, och åtgärder för att göra den mer effektiv bör stödjas.

## Geografisk prissättning

För närvarande är Sverige ett enda prisområde inom Nord Pool, även när det finns flaskhalsar inom landets transmissionssystem. Ett alternativ vore att dela in landet i fler prisområden och tillåta priserna att variera när det finns flaskhalsar inom Sverige. Vi anser att detta skulle ge bättre incitament, både för producenter och Svenska Kraftnät. Om ett område har ovanligt lite (mycket) vatten i magasinen och överföringsbegränsningar förhindrar handel mellan regioner, kommer priset i den regionen att vara högt (lågt). Producenter som är medvetna om denna möjlighet kommer att spara (eller använda) vatten, när obalanserna börjar uppträda, vilket gör det mindre troligt att de får allvarlig inverkan på systemet. Systematiska prisskillnader mellan regioner fungerar som en signal att mer överföringskapacitet krävs.

När det inte finns några flaskhalsar skulle det inte förekomma några prisskillnader. När det finns flaskhalsar inom Sverige, är det inte nödvändigtvis flaskhalsar vid gränserna mot grannländerna, så att varje del av Sverige fortfarande tillhörde en större marknad inom Nord Pool. Norra Sverige skulle kunna vara förbundet med norra Norge, med tanke på den stora mängden vattenkraft inom dessa regioner, medan södra Sverige ofta kunde ha gemensamma priser med de värmekraftdominerade systemen i Danmark eller Finland. Detta skulle kunna minska oron för att regionala priser skulle minska konkurrensen inom Sverige. Andra prismönster kan tänkas växa fram när platserna för elproduktionen förändras över tiden. Men om regionala prisområden skapade bestående prisskillnader skulle det uppstå vinnare och förlorare. Det är en politisk fråga, lika mycket som en ekonomisk, att bedöma huruvida det är värt att skapa dessa skillnader.

## Stöd till förnybar elproduktion

Sverige främjar förnybar elproduktion via en marknad för handel med gröna certifikat (elcertifikat). Förnybar elproduktion får också stöd indirekt via EU:s system för handel med utsläppsrätter, eftersom det höjer elpriserna, men inte kostnaderna för elproduktion från förnybara energikällor, men ytterligare stöd utöver det som ges av handeln med utsläppsrätter kan vara rimligt om de förnybara energikällorna har andra fördelar, förutom att de minskar koldioxidutsläppen. Ett system med handel med gröna certifikat passar bra på den liberaliserade elmarknaden eftersom varje producent av förnybar energi är berättigad till stöd och alla kunder (av ett visst slag) bidrar till det stödet. För att säkerställa att potentiella producenter är villiga att investera är det viktigt att göra systemet så permanent som möjligt och att inte förändra dess regler i onödan.

Det svenska elcertifikatsystemet tillåter att certifikat sparas från ett år till ett annat, och leverantörer får betala en straffavgift om de inte har tillräckligt många certifikat. Detta är standardbestämmelser i system med gröna certifikat. De svenska straffavgifterna är emellertid beroende av tidigare marknadspris för certifikat. Det kan skapa en del ovanliga prismönster över tid. Vi finner att priset kommer att tendera att öka när sannolikheten för en brist på certifikat är stor, vilket är rätt signal för investeringar. Det är dock motiverat att närmare analysera hur priserna på elcertifikaten kan komma att utvecklas.

## Kostnads–intäktsanalys

Avregleringen av elmarknaden har påverkat Sverige på många olika sätt. En del grupper kan ha fått det bättre, andra sämre. Kostnads–intäktsanalys är en metod som försöker bedöma sådana vinster och förluster på ett sätt som kan visa om policyn varit bra eller dålig för samhället i dess helhet.

Den grundläggande idén bakom en kostnads–intäktsanalys är att mäta så många som möjligt av de förändringar som ägt rum till följd av en policy, att värdera dessa förändringar och sedan addera dessa värden. Om summan är positiv överstiger fördelarna nackdelarna och policyn kan antas vara bra för samhället. Den avgörande skillnaden mellan en kostnads–intäktsanalys och den planering som sker inför ett kommersiellt investeringsbeslut är att kostnads–intäktsanalysen försöker fånga sådana kostnader och intäkter som inte kommer att realiseras i kronor och ören, exempelvis miljöpåverkan.

Kostnads–intäktsanalyser görs vanligen innan man bestämmer sig för en policy, för att underlätta att rätt beslut fattas, men de kan också användas för att utvärdera ett tidigare beslut. Ett antal undersökningar har beräknat vinsterna med avregleringen av elmarknaden i Storbritannien och de nordiska länderna. Vi har byggt en modell av den svenska elsektorn från 1996 till 2003 för att genomföra en liknande analys. Vi jämför vad som faktiskt hände med ett kontrafaktiskt scenario som vi tror är representativt för vad som hade hänt om branschen inte avreglerats. Vi beräknar priser, kvantiteter, vinster och kostnader, och kombinerar dessa i en mätning av välfärd. Den avgörande frågan är om detta mått är högre eller lägre i vårt kontrafaktiska scenario än det var med avreglering.

Våra resultat kommer att vara beroende av våra antaganden. Vi antar att avregleringen ökade Sveriges handel med sina grannar med 50 procent, men utan att förändra flödesmönstren, exempelvis det mellan regniga och torra år. Utan avreglering hade det gjorts större investeringar i elproduktion, för att upprätthålla branschens tidigare relation på 248 MW i produktionskapacitet för varje efterfrågad TWh. Vi antar att de fasta kostnaderna per MW i kapacitet skulle ha ökat med 1 procent om året, i relation till den nivå som faktiskt konstaterats med avreglering. Produktionen vid kärnkraftverken skulle ha varit marginellt lägre, 1 procent fram till 1999 och 2 procent från 2000 och framåt. Vi använder en enkel modell av produktionssektorn för att beräkna branschens rörliga kostnader för att köra konventionella värmekraftanläggningar för att möta den efterfrågan som inte täcks av kärnkraft, vattenkraft eller importerad energi.

Konsumenternas efterfrågan påverkas av priset, där en 10-procentig ökning av priset leder till en efterfrågeminskning på mellan 1 och 2 procent beroende på vilken typ av konsument det rör sig om (industrikunder är känsligast). Slutkundpriser består av energipriser, nätavgifter och skatter. Medan skattenivåerna inte påverkades av avregleringen anser vi att kostnaderna och avgifterna för näten hade varit högre utan avregleringen. I vårt huvudsakliga kontrafaktiska scenario skulle energipriset ha varit konstant i reala termer, och därmed stigit med inflationen. Som en känslighetsanalys presenterar vi resultat för att visa vad som händer när vi varierar dessa antaganden.

# Resultat

Figur A.3 visar priserna i vårt huvudsakliga kontrafaktiska scenario, jämfört med de faktiska elpriserna. Vi uppskattar att priserna var lägre med avreglering under åren kring 2000, men att priserna var högre under 2003, än med fortsatt reglering.

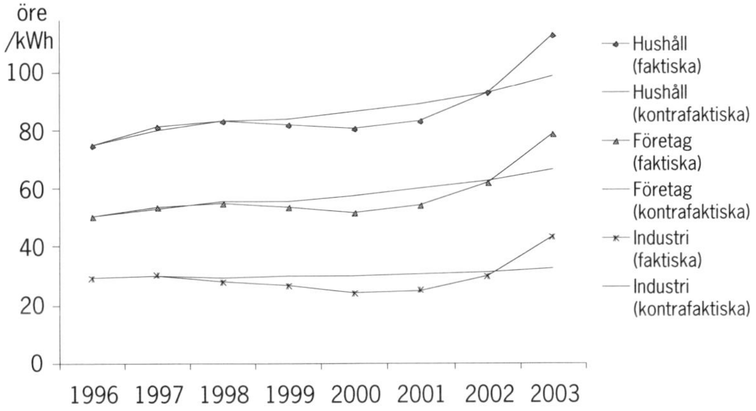


Källa: Egna beräkningar.

FIGUR A.3. Elpriser i öre per kWh.

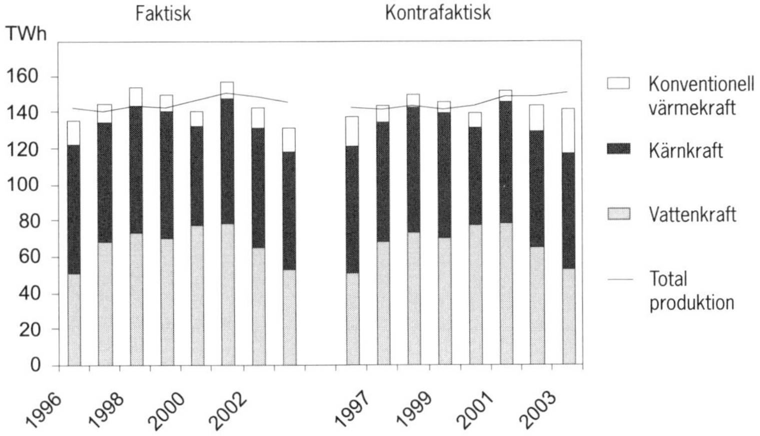


Källa: Egna beräkningar.

FIGUR A.4. Elproduktion i TWh – faktisk produktion (till vänster) och kontrafaktisk (till höger).

Efterfrågan på elektricitet rörde sig i motsatt riktning i förhållande till priset, och figur A.4 visar hur de möttes. Kurvorna visar den totala efterfrågan – den vänstra sidan ger de faktiska siffrorna och den högra sidan våra kontrafaktiska – medan staplarna visar produktionens fördelning mellan olika tekniker. Skillnaden utgörs av import. Handeln är mindre i det kontrafaktiska scenariet medan (den konventionella) värmekraftproduktionen varierar.

Figur A.5 visar våra beräkningar av hur branschens kostnader förändrades till följd av avregleringen. Produktionskostnaderna skulle ha varit högre utan avregleringen på grund av ytterligare kapacitet, medan leverantörernas kostnader skulle ha varit lägre, eftersom de skulle slippa kostnader för den extra kundhantering som möjligheten att byta leverantör medför. Nätkostnaderna skulle ha varit högre utan exemplet och pressen på vinsterna från avregleringen.

Figur A.6 visar att avregleringen minskade vinsterna i produktionen och försäljningen mellan 1999 och 2001, men att den medförde en stor ökning under 2003 då vattenbrist ledde till högre priser utan att ha någon större inverkan på genomsnittskostnaderna. Skatteintäkter och vinster i nätverksamheten påverkades däremot inte särskilt mycket.

Figur A.7 visar förändringarna i konsumentöverskottet till följd av avregleringen. Under större delen av perioden tjänade samtliga kund-

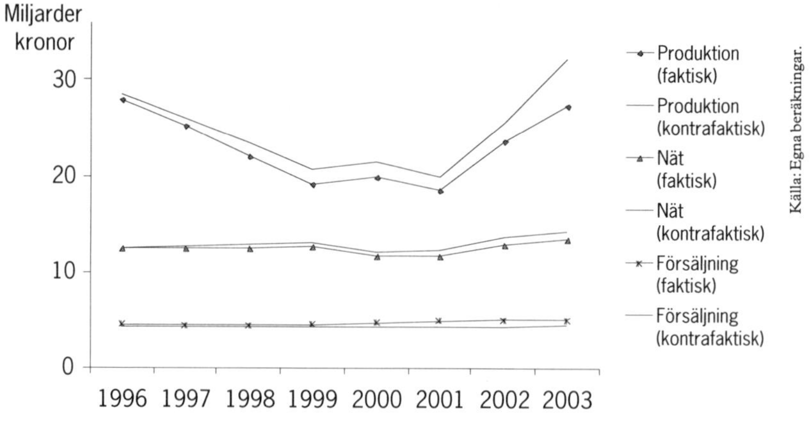


FIGUR A.5. Kostnader i miljarder kronor.

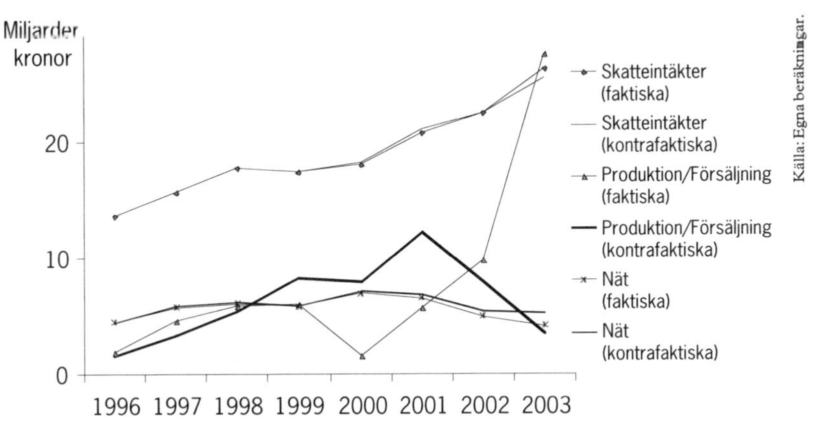


FIGUR A.6. Vinster i miljarder kronor.

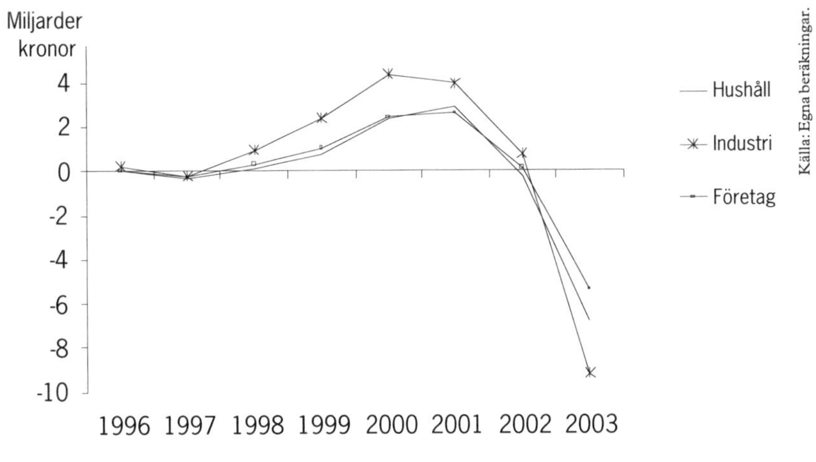


FIGUR A.7. Välfärdsförändringar på grund av avreglering.

grupper på avregleringen, men de höga priserna under 2003 gjorde alla grupper till förlorare under det året.

När vi lägger samman vinster och förluster finner vi att avregleringen ökat välfärden i Sverige under varje år sedan 1996. Vinsten var störst under 2000, som var ett nederbördsrikt år med låga priser, men den var också påtaglig under de torra åren 2002 och 2003. Avregleringens sammantagna vinst uppgår till 10,9 miljarder kronor under åtta år, diskonterat till 1996 med en diskonteringsränta på 5 procent om året.

För känslighetsanalyser har vi förändrat många av våra antaganden och använt vår modell på nytt. Vi antog att kärnkraftproduktionen inte skulle ha varit lägre utan avregleringen, att producenternas fasta kostnader eller nätkostnader inte skulle ha varit högre, att den gränsöverskridande handeln skulle ha varit 50 procent lägre (i stället för 33 procent) och att energipriset skulle ha stigit med 1 procent om året i reala termer. Vi undersökte också ett fall där energipriset skulle ha fallit i linje med produktionskostnaden, med fortsatt reglering. I vart och ett av dessa alternativa scenarier innebar avregleringen fortfarande en välfärdsvinst på mellan 6,9 och 11,2 miljarder.

Vi genomförde också ett scenario där nederbördsförhållandena var normala varje år, eftersom elpriserna har påverkats av ovanligt regniga eller torra år sedan avregleringen.

Figur A.8 visar att dessa simulerade priser skulle ha varit högre än de faktiska priserna under de regniga åren runt 2000, men lägre un-

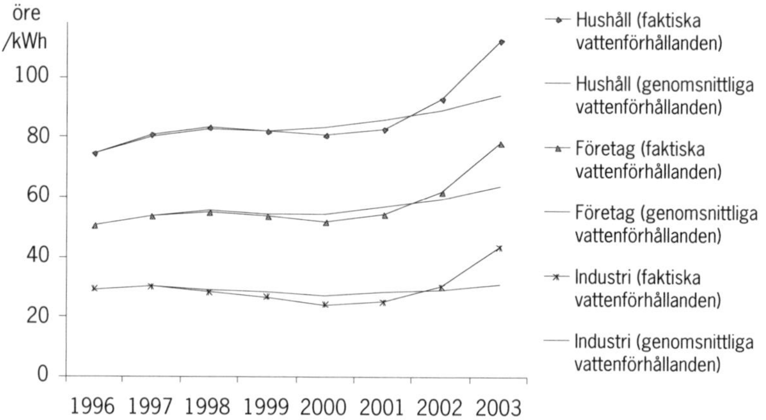


Källa: Egna beräkningar.

FIGUR A.8. Elpriser i öre per kWh – faktiska och simulerade priser med avreglering.

der de torra åren 2002 och 2003. De simulerade priserna med avreglering var genomgående lägre än priserna med fortsatt reglering (och samma vattenförhållanden). Sammantaget finner vi att avregleringen skulle ha ökat välfärden med 13,1 miljarder kronor om dessa vattenförhållanden hade rått varje år under tiden från 1996 till 2003, en något högre vinst än under faktiska förhållanden.

## Slutsatser

Vi anser att avregleringen av elmarknaden har varit bra för Sverige. Elbranschen har framgångsrikt bedrivit sin verksamhet med en mycket lägre kapacitetsnivå, i relation till efterfrågan, än vad som var fallet före 1996, även under de extrema villkoren 2002/03. Undvikna investeringar är den främsta källan till vinster, vilka vi beräknar har uppgått till cirka 11 miljarder kronor under de första åtta åren med avreglering.

Avregleringen har emellertid inte saknat vinnare och förlorare. Vi beräknade att avregleringen sänkt priserna under de flesta åren efter 1996, vilket givit konsumenterna vinster (både hushåll och företag som köper el) och elbolagen förluster. De extremt höga priserna 2003 kastade emellertid om vinster och förluster, så att konsumenterna föreföll att ha klarat sig sämst just då, och elbolagen bäst. Om priserna kan gå tillbaka till mer normala nivåer kan man räkna med att detta kastas om på nytt.

Vi har undersökt investeringsnivån, regleringsincitament för nätoperatörer, möjligheten att ha skilda Nord Pool-prisområden inom Sverige och systemet med handel med gröna certifikat för att stimulera till förnybar energiproduktion. Vi tror att dessa frågor är tillräckligt viktiga för att förtjäna att studeras, men vi tror inte att vi hittat några grundläggande problem som är i behov av omedelbara åtgärder.

Vi är medvetna om att såväl El- och gasmarknadsutredningen (SOU 2004:129) som Regelutredningen (2005:04) nyligen granskat den avreglerade elmarknadens funktionssätt. Båda dessa utredningar drar slutsatsen att avregleringen huvudsakligen fungerat bra, men presenterar förslag på förändringar som kanske skulle vara av godo. Vi har avsiktligt försökt att delvis titta på en del andra frågeställningar än de som dessa utredningar behandlat, men känner oss uppmuntrade av att utredningarnas allmänna inställning liknar vår egen. Det finns helt klart möjligheter att förbättra elmarknadens funktionssätt. Även om det har gått nästan ett decennium sedan avregleringen är detta inte förvånande, eftersom branschen är så komplex. Därtill kommer att många förändringar är svåra att genomföra i och med att de kan skapa både vinnare och förlorare. Det faktum att avregleringen skulle kunna fungera bättre innebär inte att den fungerar dåligt. Vi anser att avregleringen av elmarknaden varit bra för Sverige.

# 1. Inledning

Sverige avreglerade sin elmarknad den 1 januari 1996. Före avregleringen köpte konsumenter sin el från det lokala elbolaget, som antingen producerade den själv eller köpte den från en annan medlem i »branschklubben«. Det fanns emellertid ingen råkraftmarknad och definitivt ingen konkurrens i försäljning till slutkunderna. Detta var den traditionella organisationsmodellen inom elsektorn, runt om i världen, oavsett om den var privatägd eller drevs i offentlig regi, nationellt eller lokalt. Men i slutet av 1970-talet började det växa fram tankar om det önskvärda i att minska regleringsnivån inom ett antal branscher – flyg och telekommunikationer tillhörde de områden som berördes i USA. Under 1980-talet började några länder att minska regleringsnivån på elmarknaden, och frågan var uppe till debatt i Sverige. Storbritannien och Norge inledde omfattande avregleringar av sina elmarknader under 1990 respektive 1991, och Sverige följde efter några år senare. Den här boken är en studie av den processen.

Vi vill ha svar på frågorna om huruvida avregleringen varit bra för medborgarna och den svenska ekonomin, och om det finns möjligheter att förbättra den. Vårt främsta redskap för att besvara den första frågan kommer att vara en kostnads–intäktsanalys som jämför den historiska utvecklingen av elpriser, produktion och internationell handel efter avregleringen med våra bedömningar av vad som skulle ha hänt om avregleringen inte ägt rum. Vi använder sedan dessa siffror för att beräkna huruvida konsumenter (hushåll och företag) fått det bättre eller sämre, och till att beräkna förändringar av elföretagens vinster och kostnader. Skatteintäkterna har också förändrats. Genom att summera alla dessa förändringar kan vi få ett övergripande svar på vår första fråga.

För att besvara vår andra fråga måste vi granska ett antal saker mer detaljerat. Kan vi vara säkra på att den nya strukturen främjar leveranssäkerhet? Ger den nya strukturen företagen rätt incitament för att göra de rätta investeringarna i elproduktion och elnät vid rätt tidpunkt? Har vi tilltro till de mekanismer som används för att se till så att slutkundpriserna (särskilt för hushållen) ligger på en rimlig nivå? Skulle råkraftmarknaden fungera bättre om vi ibland hade olika priser i norra och södra Sverige?

Men innan vi går vidare bör vi definiera vad vi menar med avreglering inom just elsektorn. Det innebär inte ett totalt övergivande av varje form av tillsyn över sektorn. Elektricitet är helt enkelt allt för viktig för det moderna livet. Dessutom är överföringen av el ett naturligt monopol så till vida att det vore orimligt dyrt att skapa dubbla nät. Produktionen av el måste samordnas noga med efterfrågan, annars havererar systemet, och det kan bara finnas en samordnare inom ett visst geografiskt område. Alla elproducenter måste vara överens om denna tekniska samordning. Staten kommer troligen att vilja behålla någon form av tillsyn över de priser som tas ut av nätmonopolen. Och när kraftstationer gör utsläpp i miljön måste de vara underställda miljölagstiftningen.

Av-reglering skulle därför hellre kunna kallas för om-reglering. Liberalisering är ett annat ord som används för att beskriva utvecklingen. Vilken term vi än använder innebär konceptet emellertid att vi strävar efter att öka marknadskrafternas inflytande på elmarknaden. Den första delen i den svenska reformen var att landet kopplades samman med den norska elmarknaden genom Nord Pool, världens första internationella handelsplats för el. Tidigare kunde elbolagen ha fått en del av sin el från andra producenter, men endast de större deltog i den gemensamma produktionsoptimeringen (se kapitel 2) och de flesta hade få alternativ för att få tag i el. Så snart en öppen råkraftmarknad existerar bör det vara möjligt för vilken leverantör som helst att få tillgång till el, på samma villkor som alla andra, och för vilken producent som helst att sälja el till leverantörer. En sådan marknad gör det mycket enklare för ett nytt företag att ta sig in i branschen.

Det skapades även konkurrens på den svenska slutkundmarknaden. Om konsumenter upplever att deras nuvarande leverantör inte erbjuder dem ett rimligt avtal, så kan de se sig omkring och försöka hitta en bättre leverantör. På de flesta marknader är detta det bästa konsumentskyddet, även om det aldrig kan ersätta exempelvis lagstiftning om produktsäkerhet. För att elanvändare ska ha möjlighet att välja elleverantör krävs det två saker. För det första måste branschen kunna följa kundernas elförbrukning, så att deras leverantör kan ta ansvar för att tillhandahålla rätt mängd el. Stora kunder har råd med sofistikerade elmätare för detta ändamål, med det har hushållen vanligen inte. Konkurrensen förverkligades inte för dessa kunder förrän ett enklare sätt att hålla reda på deras konsumtion infördes i november 1999. För det andra måste de företag som äger näten tvingas låta andra leverantörer använda dessa nät – mot skälig ersättning. Återigen handlar det om att förändra formerna för reglering snarare än att överge regleringen helt.

## Varför avregleringar?

Sverige är bara ett av många länder som avreglerat sin elmarknad. Varför har då avreglering blivit en så populär åtgärd? Även om de specifika orsakerna varierar från land till land ger den ekonomiska teorin några förklaringar till existensen av såväl regleringar som avregleringar.

I den ekonomiska litteraturen finns det två dominerande skolor som förklarar förekomsten av regleringar. I den traditionella förklaringen antas det, implicit eller explicit, att lagstiftare och myndigheter agerar av omtanke om det allmännas bästa. Regleringar existerar alltså för att korrigera olika slag av marknadsmisslyckanden, t.ex. bristande konkurrens eller ofullständig information. Denna typ av teori kan kallas teorin om reglering för det allmännas bästa.

Delvis som ett svar på en till synes bristande förklaringsförmåga hos den traditionella teorin utvecklades en ny ekonomisk teori om regleringar. I många branscher verkade regleringar gynna specifika intressegrupper, snarare än det allmännas bästa. Ett exempel är Friedland och Stigler (1962), som studerade regleringen av elpriserna i USA. Deras slutsats blev att regleringen inte lett till de lägre priser som teorin om det allmännas bästa förutspått.

I stället för att anta att lagstiftare och myndigheter maximerar den sociala välfärden, antog den nya teorin att dessa aktörer skulle uppträda på samma sätt som andra aktörer i ekonomin, dvs. maximera sin egen personliga nytta. Politiken skulle därmed utformas för att exempelvis garantera återval, snarare än att maximera allmännyttan. Denna alternativa teori kan benämnas teorin om egenintresset. Den utvecklades ursprungligen av Stigler (1971), Peltzman (1976) och Becker (1983). Posner (1971) hade också hävdat att regleringar i betydande grad kan ses som ett skattesystem, beroende på dess omfördelande effekter av tillgångar och eftersom den ökade välfärden för mer inflytelserika grupper. Ett antal empiriska undersökningar, som utfördes som en reaktion på dessa arbeten, tyder på att teorin om egenintresset har ett starkare empiriskt stöd än den traditionella teorin om det allmännas bästa vad gäller att förklara regleringar.

Utifrån denna bakgrund är det inte svårt att förvänta sig att avreglering i många fall kan tänkas förbättra välfärden. Vi tror att ett gemensamt tema bakom avreglering av elmarknader är att företag inom elbranschen som var organiserade på traditionellt sätt ansågs ha bidragit till högre kostnader än nödvändigt för att erbjuda en kvalitativt god elförsörjning. Dessa företag förväntade sig oftast att de kunde vältra över alla kostnader de ådrog sig på sina kunder, vilket inte motiverade dem att hålla nere dessa kostnader. Företag som inte lyckades erbjuda tillförlitlig elförsörjning utsattes emellertid för allvarlig kritik. Det uppenbara incitamentet blev därför att investera mer än vad som egentligen behövdes för att minimera risken för elavbrott. Omfattande investeringsprogram ansågs också passa väl in med vad som ibland upplevdes som branschens »ingenjörsanda«.

På en avreglerad marknad är företagen inte längre garanterade att få tillbaka sina investeringskostnader, åtminstone inte inom branschens liberaliserade delar. Detta borde ge dem mycket starkare incitament att hålla nere kostnaderna och att bara investera när de bedömer att kapacitet verkligen behövs. Utsikterna att priset skulle stiga när kapacitetsökningen blir mindre bör ge tillräckliga incitament för att investera vid den tidpunkten. Företag har även incitament att minska de kortsiktiga rörliga kostnaderna. På en konkurrensutsatt marknad måste emellertid företag ta reda på och svara upp mot kundernas behov. Detta bör leda till att företag inte riskerar produktkvalitet eller service. Elsektorn är dock ett specialfall eftersom försummelse hos ett företag kan utlösa en kedja av missöden inom hela kraftsystemet, så som skedde i södra Sverige i september 2003. På så sätt är det rimligt att den systemansvarige ställer höga krav på verksamheten och försäkrar sig om att tillräcklig reservkapacitet finns att tillgå, om nödvändigt genom att använda icke marknadsmässiga åtgärder. Liberalisering är återigen kombinerad med fortsatt reglering.

En annan av liberaliseringens fördelar är att den möjliggör för nya företag att etablera sig i branschen. Konkurrens kan betraktas som en upptäcktsprocess – ingen kan vara säker på hur konsumenterna kommer att reagera på en ny produkt eller tjänst förrän de haft möjlighet att prova den. Ett monopol kan vara tveksamt till att ge dem den chansen, antingen på grund av en försiktighetspolicy eller för att det saknar interna system som reagerar på nya idéer. Om nya företag släpps in i branschen kan de pröva nya tjänster, och även om en del av dem kommer att misslyckas kommersiellt kommer andra att gynna kunder och förnyaren eftersom de svarar upp mot ett behov. Inom elbranschen kan nykomlingar inte konkurrera med nya produkter – el måste hålla samma tekniska standard överallt i landet – men nya producenter kan kanske införa en ny produktionsteknik och leverantörer kan hitta nya sätt att ta betalt på, som t.ex. ändrar fördelningen mellan fasta och rörliga kostnader eller som ger kunderna möjlighet att variera sin risk gentemot elprisförändringar.

Framför allt är förhoppningen på avreglering av elmarknaden att företag som erbjuder det som kunderna vill ha, till ett lågt pris, ska blomstra, medan företag med högre kostnader eller dålig service ska komma till korta. Ingen kan i förväg säga vilka dessa företag kommer att vara och därför behöver vi använda marknaden för att hitta dem.

Hur förklaras då avreglering? Levine (1982) analyserade avregleringen av den amerikanska flygindustrin. Hans slutsats var att avregleringen av flyget bäst förklarades utifrån en reviderad version av teorin om det allmännas bästa. Denna reviderade version kan ses som en »misstagsteori«: Politikerna försökte agera med hänsyn till allmänintresset, men förstod inte vilka problem som var förknippade med regleringar. Marknaden avreglerades när kunskaperna om detta ökade.

Peltzman (1989) studerade ett antal olika marknader och drog slutsatsen att teorin om egenintresset är förenlig med avreglering, men inte i alla fall. Kommentatorer hävdade att Peltzman var allt för generös gentemot teorin om egenintresset (Levine, 1989) och att ett antal frågor förblev olösta (Noll, 1989).

Kayserman, Mayo och Pacey (1993) studerade avregleringen av prissättningen på mellanstatlig långdistanstelefoni i USA och fann stöd för teorin om egenintresset, men inte för teorin om allmänintresset. Kroszner och Strahan (1999) tittar på uppluckringen av restriktioner inom banksektorn i USA. De hittar stöd för båda teorierna, men hävdar att teorin om egenintresset ger den mest övertygande och övergripande förklaringen.

Orsakerna bakom avregleringen av elmarknader har undersökts i några uppsatser. White (1996) studerade avregleringen i amerikanska delstater och fann att den huvudsakliga »förklaringsvariabeln«[1] var klyftan mellan existerande monopols priser och förväntade priser på en avreglerad marknad. Slutsatsen var att avreglering ägde rum i delstater med stora prisgap, dvs. där det var mest troligt att konsumenterna hade något att vinna. Där gapet var relativt litet kunde regleringsmyndigheten i stället justera priser och avgifter inom den existerande regleringsregimen. Om prisgapet är tillräckligt stort blir institutionellt bestämda restriktioner bindande och det är inte möjligt att göra tillräckligt stora förändringar utan avreglering.[2] Vid den tidpunkt då denna studie gjordes var det bara några delstater som infört någon konkurrens.

Ando och Palmer (1998) använde mer sofistikerade tekniker för att undersöka samma grundläggande fråga som White. De studerade regelreformeringen i en tvåstegsmodell. Det första steget är från »ingen handling« till »övervägande« och det andra steget från »övervägande« till »beslut«. Andos och Palmers resultat överensstämmer med Whites hypoteser och de finner att höga genomsnittspriser och höga s.k. *stranded costs* (kostnader som det inte går att få täckning för på en avreglerad marknad) har en positiv påverkan på delstatens benägenhet att överväga att införa konkurrens. De finner också att tillgången till näraliggande vinstgivande exportmarknader har en positiv inverkan på sannolikheten för att avreglering kan komma att övervägas, vilket kan förklara rörelser i riktning mot avreglering i delstater med låga kostnader. Deras resultat på det andra steget, från »övervägande« till »beslut« var endast preliminärt eftersom det vid den tidpunkten var mycket få delstater som verkligen nått beslutsstadiet.

Damsgaard (2003) studerade också dessa frågor, med metoder som liknar Andos och Palmers, men utsträcker data till att även omfatta i USA, Kanada, Europa, Australien och Nya Zeeland. Resultaten tyder på att det finns kvalitativa skillnader mellan USA och Europa. Resultaten för delstater i USA stöder de tidigare slutsatser att avreglering är mer trolig i delstater med höga priser. I Europa däremot är det snarast motsatsen som gäller genom att avreglering är mer sannolik i länder med låga priser. En möjlig tolkning är att införandet av konkurrens i USA i högre utsträckning har drivits fram med konsumentintresset i fokus, och att avreglering därför uppstod i delstater där den behövdes bäst. I Europa förefaller det i stället som om avreglering skett där existerande producenter har haft minst att förlora (och möjligen något att vinna) på avregleringen. Det innebär inte att avreglering är något dåligt i de länder som agerat tidigt, utan helt enkelt att avregleringen tog längre tid på sig i länder där behovet kanske var ännu större. Den press som Europeiska unionen satt på dessa länder, att avreglera, kan därför vara av särskild vikt.

Regleringen av den svenska elbranschen har alltid varit ganska mjuk. De direkta reglerande ingreppen har varit begränsade. I stället har offentligt ägande och särskilt statligt ägda Vattenfalls ledande ställning i kombination med viss måttstockskonkurrens utgjort basen för regleringsregimen. Detta utgjorde ett jämviktsläge som de flesta aktörer på marknaden var nöjda med, och motståndet från andra intressegrupper var inte särskilt starkt.

När avreglering dök upp som en fråga i Sverige handlade det främsta argumentet i den offentliga debatten om de förväntade välfärdsvinsterna av konkurrens. Kraftindustrin var allmänt skeptisk till avreglering. 1991 publicerade Verket för näringslivsutveckling, Nutek, en rapport om den svenska elmarknadens struktur (Nutek, 1991).[3] I rapporten var de främsta argumenten för att införa konkurrens att det skulle tvinga företag att bli mer effektiva och att hålla nere priserna, att det skulle driva fram nya former av kontrakt som var mer anpassade till konsumenternas behov och att det skulle bli möjligt för nya företag att ta sig in på marknaden. Slutsatsen var: »Det är därför vår uppfattning, att regler som möjliggör för elkunderna att välja leverantör är en nödvändig förutsättning för att nå lägsta tänkbara produktionskostnader och för att garantera industrin och hushållen att kraftföretagen gör sitt yttersta för att anpassa leveransvillkor och kontraktsformer till kundernas krav.«[4]

Den socialdemokratiska regering som då hade makten beställde den ovan citerade rapporten. Efter valet, hösten 1991, fortsatte en borgerlig regering arbetet. 1993 publicerade Svenska Kraftnät en rapport om möjligheterna för en svensk marknadsplats för el (Svenska Kraftnät, 1993). I den framhölls flera fördelar med att skapa en öppen marknadsplats och de främsta argumenten hade att göra med transparens och likvärdiga marknadsvillkor för alla aktörer i branschen. Skepticism till avreglering återfinns exempelvis i en bakgrundsrapport till Svenska Kraftnät, gjord av KGS (KGS, 1993).[5] Där hävdade man att införandet av en öppen marknadsplats skulle kunna ha negativa effekter: »Landets totala kraftsystem kommer med säkerhet att utnyttjas ineffektivt jämfört med i dag. /.../ De exempel som vi skisserat pekar på att en kraftbörs enligt norsk modell skulle kunna resultera i ökade elproduktionskostnader i storleksordningen 800 Mkr/år.«[6]

Regeringen hade även utsett en särskild utredare för att undersöka och lägga fram förslag till ny lagstiftning. En rapport publicerades i juli 1993 (SOU 1993:68). Den gav underlag för den nya lagstiftningen, som antogs av riksdagen under våren 1994. Riksdagsvalet i september 1994 resulterade emellertid i regeringsskifte, och socialdemokraterna kom tillbaka. I december 1994 beslutade riksdagen att skjuta upp införandet av den nya lagen samt att ge Energikommissionen direktiv att göra en bredare analys av konsekvenserna. Några mindre förändringar föreslogs (SOU 1995:14) och med dessa ändringar trädde den nya lagen i kraft 1 januari 1996, ett år försenad.

Argumenten i den offentliga debatten byggde helt klart på ett perspektiv utifrån allmännyttan. Men egennyttosynpunkter kan förklara stödet från viktiga intressegrupper, exempelvis den energiintensiva industrin som trodde på lägre priser och det relativt måttliga motståndet från kraftbolagen. Tillräckligt många kraftföretag måste åtminstone ha trott att eventuella förluster inte skulle bli särskilt stora. Vi har fått berättat av de som deltog i processen att några företagsledare inom elbranschen blev övertygade om att avreglering skulle gynna deras företags intressen, och att de därför blev aktiva anhängare av avreglering. Ett syfte med den här boken är att ta reda på huruvida dessa förutsägelser var korrekta och därmed att kunna säga vem som faktiskt vann eller förlorade på avregleringen.

Bokens första del beskriver vad som har hänt med branschen sedan avregleringen. Del två diskuterar sedan ett antal policyfrågor, för att se huruvida förbättringar av det nuvarande systemet kan göras. Del tre innehåller vår kostnads–intäktsanalys av avregleringen.

## NOTER

1. White använde inte några sofistikerade ekonometriska tekniker.
2. I första hand att de reglerade företagen hade rätt att få en rimlig avkastning. Det hindrade större sänkningar av priser och avgifter under den existerande regleringsregimen.
3. Energimyndigheten hade tidigare samma år blivit en del av Nutek. 1998 blev Energimyndigheten åter en självständig myndighet.
4. Nutek (1991), sid. 11.
5. KGS (Krångedegruppens Samkörnings AB) var en deltagare i produktionsoptimeringen. KGS organiserade de större elproducenterna, utom Vattenfall, och optimerade först produktion inom gruppen och sedan i relation till Vattenfall.
6. KGS (1993), s. 9.

# 2. Bakgrund

I det här kapitlet ger vi en bakgrund till avregleringen. Vi redovisar helt kort branschens utveckling före avregleringen och diskuterar dess nuvarande struktur.

## Den svenska elsektorns utveckling

De första kraftanläggningarna i Sverige byggdes under 1870- och 1880-talen, men det första privata vinstdrivande elbolaget grundades 1894 (Hjalmarsson, 1996). Industrier och stadsbefolkning var de första elanvändarna. Industriföretag byggde och drev ofta egna kraftstationer, medan lokala myndigheter i stor utsträckning stod för utbudet i tätorter. 1906 beslutade regeringen att bygga ut vattenfallen i Trollhättan, vilket 1909 resulterade i tillkomsten av Vattenfall, i avsikt att samordna utvecklingen av landets vattenkraftresurser. Konsumenter på landsbygden började bilda kooperativ för att tillhandahålla vattenkraft under den här perioden, men mer småskaligt. När utbyggnaden tog fart efter första världskriget intog Vattenfall en ledande roll, som behölls (åtminstone) fram till avregleringen.

Hjalmarsson (1996) beskriver systemet före avregleringen som en »klubb«, med Vattenfall som »klubbens ordförande«. 1990 ägde Vattenfall 55 procent av elproduktionen, högspänningsnätet och 11 procent av distributionsnätet (räknat på antalet konsumenter). Kommuner eller kooperativ levererade till 66 procent av konsumenterna och ägde 20 procent av produktionstillgångarna. Privata företag levererade till 23 procent av konsumenterna och ägde de resterande 25 procenten av produktionstillgångarna. I några fall var dessa privata företag stora industriella användare, som framställde el för egen konsumtion. Skiljelinjen mellan de olika ägarformerna är emellertid inte knivskarp eftersom stat och kommuner kan äga aktier i privata företag. Det var också svårt att få ett grepp om den exakta graden av vertikal integration, men Hjalmarsson bedömer att bara 25 till 30 procent av den totala konsumtionen kom från anläggningar i slutkundernas närområde.

Hälften, grovt räknat, av Sveriges elproduktion kommer från vattenkraftverk och återstoden i huvudsak från kärnkraftanläggningar. Dessa anläggningar, som utvecklades under 1970- och 1980-talen, har varit framgångsrika i fråga om kostnader och rörelseresultat, vilket beror på att man valde rätt teknik och haft effektiva företagsledningar, framför allt under uppbyggnadsskedet. Kärnkraften har emellertid varit kontroversiell eftersom den ger upphov till radioaktivt avfall, och i folkomröstningen 1980 blev resultatet att kärnkraften skulle avvecklas på lite längre sikt. Detta behandlas mer ingående nedan. De övriga anläggningarna utgörs av konventionella värmekraftverk som oftast är kopplade till fjärrvärmesystem eller användare inom den tunga industrin. De flesta utbyggbara älvar har redan reglerats, samtidigt som det finns ett starkt miljömotstånd mot ytterligare utbyggnad. Det innebär att konventionella värmekraftverk, eller olika anläggningar för förnybar elproduktion i dag är de enda politiskt acceptabla möjligheterna för framtida kapacitetsbehov.

Tidigare fanns en hög grad av samordning av investeringsbeslut. Kraftsam uppträdde som en centralplanerare, med ansvar för att bedöma förbrukning och därmed kapacitetsbehovet. Dessa bedömningar vilade i allmänhet på ett självförsörjningssystem, som inte beaktade import. Företagen samarbetade för att få så låga investeringskostnader som möjligt. Kärnkraftverk ägdes av två eller flera företag gemensamt, för att sprida kostnader och risker och möjliggöra att stordriftsfördelar kunde utnyttjas även när det översteg ett enskilt företags investeringsbehov. På liknande sätt var företag beredda att samordna investeringar i vattenkraftprojekt och att byta el över tid, så att ny kapacitet kunde skapas i den takt som behövdes för branschen i dess helhet, snarare än för enskilda företag.

Vattenfall drev en nätklubb bestående av nätföretag som var beredda och kompetenta att ta ansvar för att hålla högspänningsnätet i skick. En annan klubb, bestående av ett tiotal av de största kraftföretagen, koordinerade produktionen via en kraftpool som officiellt benämndes Produktionsoptimeringen. Denna använde sig av bilateral handel för att optimera produktionen (baserad på marginalkostnader). Gruppen var uppdelad i två block, Vattenfallsgruppen och Krångedegruppen (KGS) och koordineringen av produktionen skedde först mellan företagen i respektive block och sedan mellan de två blocken. Priserna i denna handel baserades på vad som kallas mittprisprincipen. Genom att sätta priset till medelvärdet av de två producenternas rörliga kostnad tjänade varje företag hälften av de besparingar som uppstod när man ersatte dyr energi med billig energi. Ytterligare samarbete behövdes när flera företag ägde anläggningar utmed samma älv, för att se till så att vattnet användes på ett sätt som var acceptabelt för alla.

Mindre kraftföretag var tvungna att köpa kraft från större företag, snarare än direkt från kraftpoolen. Vattenfall uppträdde vanligen som prisledare och satte priser som gjorde det möjligt att nå det formella målet om balans efter avskrivningar och räntebetalningar. Inte heller kommunalt ägda anläggningar tilläts gå med vinst före avregleringen och tillämpade därför ett slags genomsnittskostnadsprissättning. De flesta nätföretag har tidsbegränsade koncessioner och löper risk att inte få dessa förnyade om de antas vara ineffektiva. (Det förhåller sig tveklöst så, att antalet distributionsföretag minskat i antal från 1 000 i början av 1950-talet till färre än 300 år 1994 och nu är nere i cirka 200, eftersom framför allt de mindre företagen slagits samman.) Hjalmarsson hävdar att detta ledde till ett slags måttstockskonkurrens, där anläggningarna tvekade att ta ut högre priser än grannarna. Ellagen gjorde det också möjligt för konsumenter att klaga på priser hos Statens Industriverk, som fick in cirka 25 ärenden om året. Hjalmarsson gör bedömningen att detta var ett effektivt sätt att förebygga prisdiskriminering av olika typer av konsumenter, men att lagen som förhindrade vinstgivande verksamhet i kommunerna hade störst betydelse för den genomsnittliga prisnivån.

Priserna har varit bland de lägsta i Europa, men det fanns ändå ett visst missnöje med regleringen. Detta var mest framträdande i Norge, där man 1990 fattade beslut om att avreglera sin elmarknad. Den främsta anledningen till detta var övertygelsen om att branschen led av överkapacitet, eftersom många kraftföretag föredrog att bygga ut sin kapacitet i stället för att köpa från andra producenter, och de stora prisskillnaderna mellan företagen, som återspeglade (högst varierande) genomsnittliga kostnader.

Sverige hade diskuterat reformering sedan slutet av 1980-talet (Bowitz m.fl., 2000), och slutligen infördes en ny ellag den 1 januari 1996. Norges framgångsrika reform fungerade som en katalysator, och ett av de första stegen i den svenska reformen var att bilda en gemensam elmarknad med Norge, Nord Pool. Detta möjliggjorde för samtliga företag, och inte bara medlemmarna i den svenska poolen, att handla med el på en öppen marknad. Det gjorde det också möjligt att bedriva internationell handel i mycket större skala än tidigare. Kunderna tillläts byta leverantör, men måste ha en elmätare som avläste hur mycket de konsumerade varje timme, så att deras leverantör kunde betala rätt pris på råkraftmarknaden. Att installera en sådan mätare skulle ha gjort byte av leverantör oekonomiskt för de flesta hushåll, eftersom kostnaderna var större än de möjliga besparingarna. Från den 1 november 1999 blev det emellertid möjligt för alla konsumenter att avgiftsfritt byta leverantör, och ett system med schablonavräkning infördes. Detta system innebär att varje hushålls konsumtion sedan föregående mätaravläsning fördelas på timmar utifrån antaganden om att hushållet har samma konsumtionsmönster (ganska högt under vissa timmar och lägre under andra) som andra hushåll i det området.

## Den svenska elmarknadens nuvarande struktur

Avregleringen av den svenska elmarknaden innebar ett visst mått av vertikal separation av branschen. Redan innan avregleringen (januari 1992) hade Vattenfall delats upp i två separata delar. Svenska Kraftnät blev systemoperatören och övertog stamnätet, medan produktion, regionala och lokala nät samt försäljning behölls inom det fortfarande statligt ägda företaget Vattenfall. När marknaden avreglerades 1996 framfördes krav om en formell uppdelning mellan monopolet i nätverksverksamheten och den konkurrensutsatta verksamheten inom produktion och försäljning. Det infördes emellertid inga restriktioner beträffande ägande- eller ledningsstruktur, vilket innebar att monopoldelen och de konkurrensutsatta delarna kunde ha gemensam personal, inklusive samma verkställande direktör.[1]

Efter avregleringen har branschens struktur förändrats avsevärt, även om det på vissa områden skett i mindre omfattning än förväntat. Produktionen har blivit mer koncentrerad (se tabell 2.1 nedan, som ger en överblick över de största producenterna i Sverige). De stora kraftproducenterna har också ökat sin andel av försäljningen till slutkund, och antalet nätföretag har minskat något.

När den svenska marknaden avreglerades skapade Sverige en gemensam producentmarknad med det redan avreglerade Norge: Nord Pool. Senare utvidgades denna marknadsplats och omfattar numera även Finland och Danmark.

## Produktion: Ökad koncentration och framväxt av en nordeuropeisk ägarstruktur

Vattenfall är fortfarande den största producenten, med ungefär hälften av den svenska produktionen. Dessutom har Vattenfall blivit en viktig internationell aktör genom uppköp i främst Tyskland och Polen. Vattenfall har hittills inte expanderat sin verksamhet särskilt mycket på den nordiska marknaden. Vattenfall har för närvarande cirka 350 000 distributionskunder i Finland och har tidigare gjort försök att komma in på den norska marknaden, men har för närvarande bara en mindre verksamhet där. Nyligen försökte Vattenfall bli majoritetsägare i det danska elföretaget Elsam, men lyckades endast nå en ägarandel på omkring 35 procent. Det danska statsägda företaget DONG lyckades ta kontroll över resterande aktier. I juni 2005 nådde Vattenfall och DONG en överenskommelse enligt vilken Vattenfall tar över cirka 24 procent av Elsams och Energi E2:s produktionskapacitet, och DONG tar över Vattenfalls aktier i Elsam. DONG:s mål är att fullborda en dansk energifusion, och den här överenskommelsen öppnar för möjligheten att samla merparten av den danska energisektorn i ett företag. Den näst största producenten, Sydkraft, är nu en del av E.ON-gruppen, med det norska, statligt ägda företaget Statkraft som stor minoritetsägare. Sydkraft har även förvärvat andra producenter, exempelvis Graninge, som tidigare var den fjärde största producenten i Sverige.[2]

Kommunalt ägda Stockholm Energi gick samman med Gullspång 1998 och skapade Birka Energi. Gullspång ägdes då redan av det finländska företaget IVO (senare Fortum) och 2001 övertogs hela Birka av Fortum och tog dess namn. Innan dess hade Skandinaviska Elverk, 1996, blivit en del av Gullspång och 2000 övertog Fortum Stora Ensos krafttillgångar.

Det innebär att de tre största företagen, Vattenfall, Sydkraft och Fortum, står för cirka 90 procent av den svenska elproduktionen, och två av dessa företag är utlandsägda.

TABELL 2.1. De största elproducenterna i Sverige

| | 1995 | | 2003 | |
|---|---|---|---|---|
| | *Produktion* TW*h* | *Andel* (%) | *Produktion* TW*h* | *Andel* (%) |
| Vattenfall | 73,8 | 51,5 | 61,5 | 46,5 |
| Sydkraft | 26,6 | 18,6 | 27,1 | 20,5 |
| Graninge | 2,5 | 1,7 | 2,4 | 1,8 |
| Fortum | | | 24,7 | 18,7 |
| Stockholm Energi | 10,5 | 7,3 | Nu del av Fortum | |
| Gullspång Kraft | 8,3 | 5,8 | Nu del av Fortum | |
| Stora Kraft | 5,8 | 4,0 | Nu del av Fortum | |
| Skandinaviska Elverk | 2,2 | 1,5 | Nu del av Fortum | |
| Skellefteå Kraft | 2,5 | 1,7 | 2,4 | 1,8 |
| Summa | 132,2 | 92,3 | 118,1 | 89,3 |
| Hela Sverige | 143,3 | | 132,3 | |

Anmärkning: Sydkraft köpte Graninge i slutet av 2003.
Källa: Nutek (1996) och Energimyndigheten (2004a).

## Lokala nät: Fortfarande en fragmenterad struktur

Antalet distributionsföretag (lokala nätföretag) har minskat sedan avregleringen. För närvarande finns det cirka 180 nätföretag.[3] Situationen är ungefär densamma i samtliga nordiska länder. Det är tveksamt om minskningen beror på elmarknadsreformen eftersom antalet distributionsföretag har minskat stadigt sedan åtminstone slutet av 1950-talet. År 1950 fanns det 1 569 distributionsföretag, varav 1 236 hade färre än 1 000 kunder, och inget hade fler än 50 000 kunder. Sedan dess har utvecklingen gått i riktning mot ett minskat antal företag, och de minsta företagen har mer eller mindre försvunnit. Men det finns fortfarande ett ganska stort antal mindre nätföretag, med färre än 5 000 kunder och dessa är i stor utsträckning kooperativ.[4]

Sydkraft är, efter uppköpet av Graninge, den största nätoperatören i Sverige med cirka en miljon kunder. Vattenfall kommer tvåa med cirka 900 000 nätkunder. Detta innebär en avsevärd ökning för båda företagen. 1998 hade Sydkraft cirka 520 000 kunder och Vattenfall cirka 670 000 kunder, av totalt cirka 5,3 miljoner.

Antalet nätföretag i Sverige, och deras genomsnittliga storlek, är definitivt inom samma intervall som i andra europeiska länder, även om det bör påpekas att spännvidden är mycket stor. Spanien och

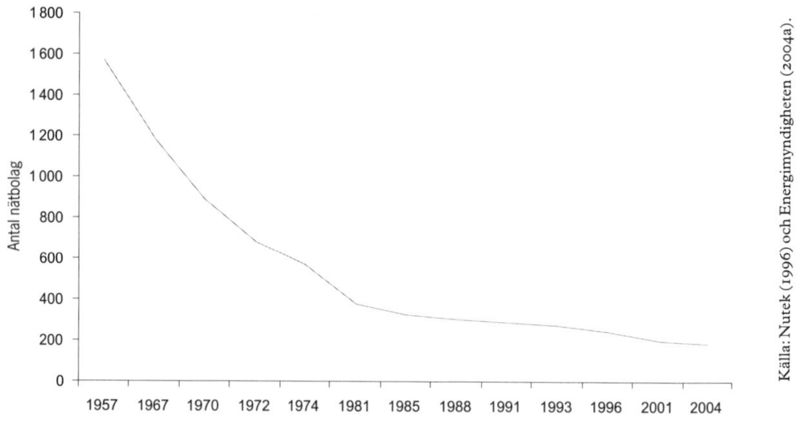


FIGUR 2.1. Antal nätbolag i Sverige.

Tyskland har betydligt fler distributionsföretag än Sverige, och deras genomsnittliga storlek är något mindre. Frankrike, Italien och Norge har liknande antal – genomsnittsföretaget i Norge är mindre än i Sverige, medan den genomsnittliga företagsstorleken i Frankrike och Italien är större. Storbritannien däremot, har bara 15 företag, vilket innebär en genomsnittlig storlek som är 30 gånger så stor som i Sverige, medan Grekland, Irland och Portugal bara har ett distributionsföretag vardera.

## Försäljning: De stora producenterna har vuxit men många små företag överlever

Före avregleringen var försäljning till slutkunder och distribution vertikalt integrerade. I samband med avregleringen måste dessa skiljas i separata, juridiska enheter. Det infördes emellertid inga andra begränsningar beträffande ägande eller organisationsform, vilket innebar att nät- och försäljningsverksamhet kunde förbli inom samma företagsgrupp och även ha gemensam personal.

1996 fanns det cirka 250 registrerade elhandelsföretag, 2003 hade siffran fallit till 130. Detta kan synas vara en uppsplittrad marknad, men de tre största aktörerna, Sydkraft, Vattenfall och Fortum, kontrollerar tillsammans, antingen direkt eller via associerade företag,

TABELL 2.2. Överförings- och distributionsföretag inom EU-15 (och Norge).

| | *Antal företag inom* | | *Genomsnittlig försäljning per företag (TWh) inom* | |
|---|---|---|---|---|
| | *Överföring* | *Distribution* | *Överföring* | *Distribution* |
| Tyskland | 4 | 930 | 123 | 0,5 |
| Spanien | 1 | 299 | 205 | 0,7 |
| Norge | 1 | 190 | 115 | 0,6 |
| Sverige | 1 | 180 | 135 | 0,8 |
| Italien | 1 | 178 | 276 | 1,5 |
| Frankrike | 1 | 166 | 378 | 2,3 |
| Österrike | 3 | 139 | 18 | 0,4 |
| Danmark | 2 | 130 | 17 | 0,3 |
| Finland | 1 | 95 | 77 | 0,8 |
| Belgien | 1 | 28 | 75 | 2,7 |
| Nederländerna | 1 | 20 | 102 | 5,1 |
| Storbritannien | 4 | 15 | 84 | 22,3 |
| Luxemburg | 2 | 11 | 3 | 0,5 |
| Grekland | 1 | 1 | 44 | 44,1 |
| Portugal | 1 | 1 | 40 | 40,0 |
| Irland | 1 | 1 | 21 | 21,4 |

Källa: Europeiska kommissionen (2004).

omkring 70 procent av slutkundmarknaden (Energimyndigheten, 2004a).

Svensk Energi låter regelbundet Temo undersöka andelen hushållskunder som har bytt återförsäljare eller omförhandlat avtalet med den existerande leverantören. Fram till hösten 2004 hade 54 procent av kunderna antingen bytt leverantör eller omförhandlat priset med sin existerande leverantör. Utvecklingen från december 1998 till oktober 2004 framgår av figur 2.2.

Siffrorna i figuren ovan avser det totala antalet byten eller omförhandlingar sedan marknaden öppnades för konkurrens. Här märks en tydlig ökning som visar att fler och fler konsumenter blir aktiva med tiden. Det är emellertid inte möjligt att utifrån dessa siffror dra några slutsatser om hur aktiva kunderna är. Vi kan helt enkelt inte avgöra om de kunder som en gång bytt leverantör eller omförhandlat sina avtal, har förblivit aktiva eller om det var en engångshandling som följdes av passivitet.

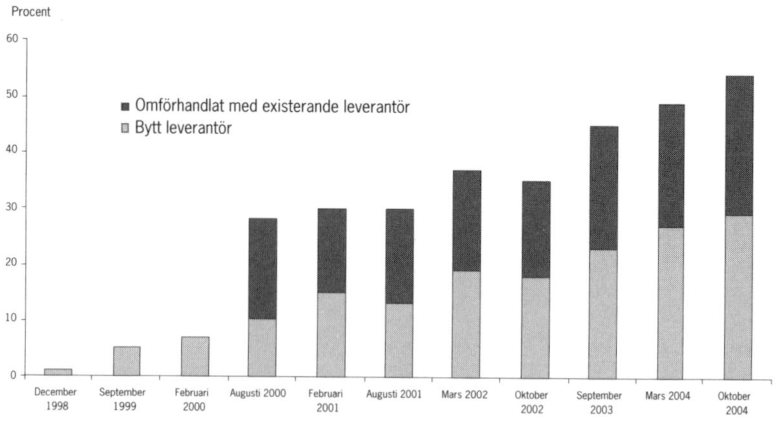


Källa: Temo (2004).

FIGUR 2.2. Andelen kunder som har omförhandlat eller bytt leverantör.

Under 2004 började SCB att månadsvis samla information om antalet byten mellan leverantörer, vilket redovisas i figur 2.3. Staplarna visar antalet byten medan fälten mellan dem visar de beräknade volymerna.

Under de 11 månaderna från april 2004 till februari 2005 bytte 260 000 hushåll, med en beräknad konsumtion på 2,5 TWh om året, leverantör. Nästan 70 000 andra kunder, med en beräknad konsumtion på 6,7 TWh om året, bytte också. Det innebär att lite drygt 6 procent av kunderna bytte leverantör under dessa 11 månader (knappt 6 procent av hushållen). Besluten att byta var ganska jämnt fördelade över året och det fanns också ett jämnt flöde av andra kunder än hushåll som bytte. I januari 2005 gjordes emellertid tre gånger så många byten av andra än hushåll som genomsnittligt under de andra månaderna, och antalet berörda kunder var fem gånger så många i genomsnitt, så att mer än hälften av den totala konsumtionsvolymen bland andra än hushåll bytte leverantörer denna månad. Detta återspeglar antagligen ett mönster med årsvisa kontrakt, som förnyas (eller sägs upp) i början av året, bland dessa kunder.

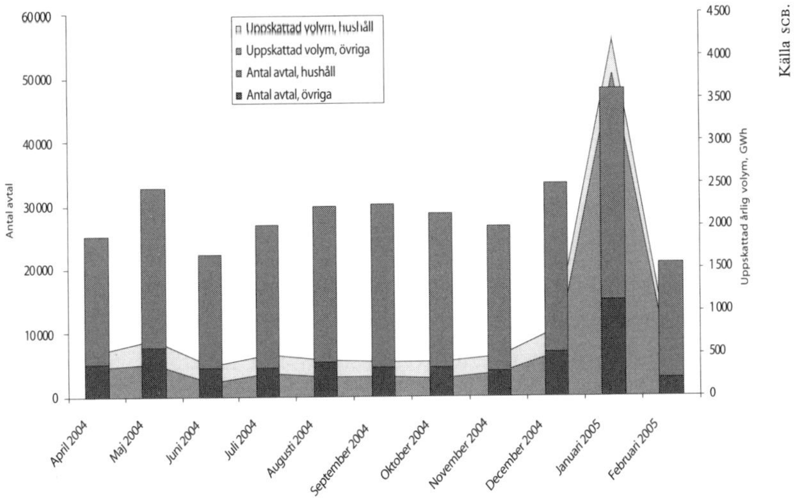


FIGUR 2.3. Byten per månad.

## Nord Pool

Nord Pool är världens första multinationella elmarknad. Den har utvecklats ur den norska marknadsplatsen, vilken i sin tur uppstod ur den poolorganisation som fanns före avregleringen. Nord Pool blev en internationell marknad i januari 1996, när den svenska avregleringen inleddes och ägandet av marknadsoperatören, Nord Pool ASA, delades mellan norska Statnett och Svenska Kraftnät. Nord Pool driver ett antal marknader som handlar med el och fungerar dessutom som clearingcentral för bilaterala kontrakt.

Dessa bilaterala kontrakt är volymmässigt de mest omfattande, men dygnsprismarknaden, Elspot, bör betraktas som systemets hörnsten. Varje dag lämnar aktörer in bud om att köpa eller sälja el för varje timme under det följande dygnet, i form av parvisa pris- och kvantitetsbud. Nord Pool kombinerar dessa bud i utbuds- och efterfrågekurvor, först för hela marknaden utifrån antagandet om att det inte finns några begränsningar i överföringssystemet. Skärningspunkten mellan dessa utbuds- och efterfrågekurvor ger systemet ett pris för varje timme. De kvantiteter som blir resultatet kan emellertid innebära att mer elkraft flyter in över en (eller flera) av systemets gränser än vad överföringssystemet kan klara av.

Vid sådana tillfällen delar Nord Pool in marknaden i prisområden som åtskiljs av en gränslinje mot områden med trängsel. Man beräknar separata utbuds- och efterfrågekurvor för varje prisområde, utifrån lokala bud och den största mängd import och export som överföringssystemet klarar av. Inom varje område avgör brytpunkten mellan lokala utbuds- och efterfrågekurvor marknadens jämviktspris. Nord Pool bestämmer även marknadens jämviktskvantiteter. Bud från köpare som bjudit mer än jämviktspriset i området (vilket kommer att vara systempriset under de timmar då det inte finns några flaskhalsar) och från säljare som begärt mindre kommer att accepteras. Aktörerna är då finansiellt förpliktade att genomföra transaktionerna, och måste häva dem på reglermarknaden, eller betala för en obalans, om de inte klarar detta. Flaskhalsar inom Sverige hanteras genom mothandel och inte genom uppdelning i olika prisområden, så gör man även i Finland. Danmark är uppdelat i två områden, östra och västra Danmark, som inte har någon fysisk förbindelse. Norge däremot är vid behov uppdelat i flera prisområden.

När priserna skiljer sig åt mellan två områden kommer området med det lägre priset att exportera till området med det högre priset. All handel på Nord Pool sker till det lokala områdespriset. Producenterna som levererar in till lågprisområdet får betalt enligt priser som gäller i det området, medan konsumenterna i högprisområdet får betala det högre priset. Exporten från låg- till högprisområdet skapar därmed ett ekonomiskt överskott, vilket behålls av transmissionsföretagen. Företag som använder sig av bilaterala kontrakt för att handla med elkraft mellan de två områdena måste också betala en överföringsavgift som uppgår till skillnaden mellan de två priser som bestäms inom Nord Pool. Detta garanterar att det inte finns några artificiella incitament som favoriserar bilateral handel eller den organiserade marknaden.

Eftersom den viktigaste spotmarknaden, Elspot, stänger upp till 36 timmar innan kraften levereras är det så gott som säkert att deltagarnas fysiska positioner kommer att vara annorlunda än deras kontraktspositioner på spotmarknaden och i den bilaterala handeln. En korttidsmarknad, Elbas, möjliggör för företag i Sverige, Finland och östra Danmark att anpassa sina positioner i kontinuerlig handel fram till en timme före leverans. Handeln är bilateral och kontrakt på leverans under samma timme kan komma att handlas till olika priser över tid. Elbas handlade 0,7 TWh under 2003, att jämföra med 119 TWh på Elspot, vilket visar att Elbas utgör ett begränsat men ändå användbart sätt att hjälpa företag att balansera sina positioner. De återstående obalanserna mellan ett företags fysiska positioner och dess kontraktspositioner hanteras på realtidsmarknader som drivs av de nationella systemoperatörerna. Dessa accepterar bud om att köpa eller sälja från företag som kan förändra sitt utbud med kort varsel, bestämmer marknadens jämviktspris baserat på den handel som de facto behövs för att balansera systemet, och tar sedan ut detta pris på alla obalanser.

## Svensk energipolitik

De grundläggande målen för den svenska energipolitiken har legat fast under många år. Ungefär vart femte år brukar emellertid de stora politiska partierna komma överens om en revidering av energipolitikens målsättning. 1997 var exempelvis målen att:

- trygga tillgången på el och andra energikällor på internationellt konkurrenskraftiga villkor;
- underlätta omställningen till ett ekologiskt, uthålligt samhälle;
- bidra till att stabila förutsättningar skapas för ett konkurrenskraftigt näringsliv och till en förnyelse och utveckling av den svenska industrin;
- bidra till ett breddat energi-, miljö- och klimatsamarbete i Östersjöregionen.

År 2002 ingicks en ny överenskommelse mellan socialdemokraterna, centerpartiet och vänsterpartiet som i huvudsak bekräftade de energipolitiska målen från 1997.

Regeringens viktigaste styrmedel är skatter, statlig utgiftspolitik och interventioner på marknaden, t.ex. det nyligen införda systemet med gröna certifikat för el som framställs ur förnybara energikällor. Sedan 1990-talet har de svenska energiskatterna ökat i relation till andra skatter, som inkomst- och löneskatter. Det finns en energiskatt av varierande storlek för olika typer av energislag, en koldioxidskatt, en svavelskatt, en avgift på kväveoxidutsläpp[5] och en effektskatt på el från kärnkraftreaktorer. Ur ekonomisk synvinkel tyder detta på att regeringen nu beskattar det »dåliga« (exempelvis energikonsumtionens miljöpåverkan) i stället för det »goda« (exempelvis hårt arbete). Samtidigt kan den energiintensiva industrin riskera att tappa konkurrenskraft om den måste betala allt för många gröna skatter, och därför har den i hög utsträckning undantagits från höjda energiskatter. På samma grunder har bränslen som används för elproduktion undantagits från energiskatt och koldioxidskatt, men (icke-industriella) elanvändare måste betala energiskatt med den skattesats som råder för elkraft.

På utgiftssidan har de statliga aktiviteterna koncentrerats till program som främjar energieffektivitet och framställning av förnybar el, till att minska elanvändningen och till långsiktig forsknings- och utvecklingsverksamhet. Vindkraft, exempelvis, kan få en direktsubvention på 90 kronor per MWh på land och 160 kronor per MWh om den framställs till havs under 2005, med fallande stödnivåer över tid. Stöd till förnybar kraft har emellertid växlat över till ett system med handel med gröna certifikat sedan 2003.

Folkomröstningen om kärnkraft 1980 har redan nämnts. I omröstningen, som inte var bindande, vann den linje som ville ha 12 reaktorer och avveckling på lite längre sikt. Riksdagen beslutade att reaktorerna skulle få användas under hela sin tekniska livslängd, som beräknades till 25 år. En total avveckling skulle då kunna vara genomförd till år 2010. Alla stängningar skulle villkoras av fortsatt samhällelig välfärd och bibehållen sysselsättning samt (underförstått) av att ersätta reaktorerna med förnybar energi. (De uttryckliga villkoren slog fast att förnybar energi skulle finnas tillgänglig och att användningen av olja och gas inte skulle öka.)

Utfasningen diskuterades på nytt i mitten av 1990-talet. En internationell deltagare i den debatten var Nordhaus (1995), som diskuterade de ekonomiska och miljömässiga konsekvenserna av denna utfasning. Han hävdade att en utfasning av kärnkraften fram till 2010 skulle medföra avsevärda, om än bärbara, kostnader för Sverige. Resultatet av debatten blev att regeringen förblev förpliktad att fasa ut kärnkraften, men att slutåret 2010 togs bort. Regeringen har möjligheter att stänga vilken reaktor som helst av säkerhetsskäl, eller andra orsaker, förutsatt att den kompenserar ägarna för de förluster som dessa åsamkas. En reaktor, Barsebäck 1, stängdes 1999. Regeringen förhandlade med kärnkraftföretagen om ett program för stängning av de återstående reaktorerna, och aviserade stängningen av Barsebäck

2 när dessa förhandlingar bröt samman. Den 31 maj 2005 stängdes Barsebäck 2. I april 2005 hade förhandlingar inletts mellan den svenska staten och Barsebäcks ägare om kompensation för stängningen, men när detta skrivs har ingen överenskommelse nåtts.

## Reglering av elmarknaden

Som tidigare antytts har regleringen av den svenska elmarknaden alltid varit ganska mjuk. Den offentliga kontrollen har främst skett via offentligt ägande, i kombination med en del måttstockskonkurrens för att sätta press på företag som presterar dåligt i jämförelse med resten av branschen. Tillsynsmyndigheten har ingripit på olika sätt, som en sista utväg om aktörernas uppträdande inte ansetts vara lämpligt. Det har funnits möjligheter att ifrågasätta huruvida avgifter är rimliga och företag har riskerat, och gör det fortfarande, att få sina koncessioner återkallade eller åtminstone inte förnyade.

Förutom direkt reglering av priser och avgifter m.m. är branschen naturligtvis också underkastad många andra bestämmelser. Många av dessa regler bygger i första hand på, eller motiveras åtminstone utifrån, miljöhänsyn.

### Regleringar kopplade till investeringar

Godkännandet av investeringar inom energisektorn är ofta en långdragen process. Det finns goda skäl för detta, med tanke på den omfattande miljöpåverkan som energisektorns anläggningar ofta har. Detta kan emellertid också fungera som ett inträdeshinder eftersom stora existerande företag troligen har bättre förmåga att handskas med en komplex tillståndsprocess. I Sverige regleras denna tillståndsgivning för investeringar huvudsakligen i plan- och bygglagen och i miljöbalken. Enligt plan- och bygglagen behövs byggnadslov från den kommunala byggnadsnämnden för nybyggnation eller ombyggnad. För de flesta byggnationer krävs även tillstånd enligt miljöbalken. För vattenkraftanläggningar finns även en lag med särskilda bestämmelser om vattenverksamhet.

Förutom de generella bestämmelser och miljörestriktioner som gäller finns det ytterligare begränsningar som är kopplade till olika produktionstekniker.

### RESTRIKTIONER PÅ VATTENKRAFT

Vattenkraften står för cirka hälften av den svenska elproduktionen, och en ansenlig del av tänkbara utbyggnadsplatser är redan exploaterade. Det finns emellertid fyra älvar i norra Sverige som fortfarande är helt orörda av vattenkraftutbyggnad och som är skyddade för exploatering i lag.[6] Den möjliga produktionen från dessa älvar uppgår till 12,7 TWh. Det finns för närvarande inga starka röster i den offentliga debatten som förespråkar en förändrad politik. Förutom de fyra orörda älvarna finns det ytterligare utbyggnadspotential på 11,1 TWh, som kan komma att bli ekonomiskt intressant att exploatera. Miljöbaserade restriktioner begränsar dock potentialen till cirka 2 TWh.[7]

Vid sidan av svenska restriktioner för användandet av vattenkraft är det viktigt att också nämna EU:s ramvattendirektiv, som innehåller ytterligare begränsningar för användandet av vattenreserver, bl.a. genom krav på att minimiflöden alltid upprätthålls vid vattenkraftanläggningar.

### RESTRIKTIONER PÅ KÄRNKRAFT

Förutom det politiska målet att fasa ut kärnkraft finns det också begränsningar vad gäller att utveckla kärnkrafttekniken i Sverige. Kärntekniklagen slår fast att det krävs tillstånd för att driva kärnkraftverk och att tillstånd att bygga nya kärnkraftanläggningar inte kommer att beviljas. Dessutom är det, enligt denna lag, förbjudet att göra byggnadsritningar, beräkna kostnader, beställa utrustning eller vidta andra åtgärder som syftar till att bygga en kärnkraftreaktor i Sverige. Detta innebär emellertid inte att akademisk forskning på området är förbjuden.

### FRÄMJANDE AV FÖRNYBARA ENERGIKÄLLOR

Förnybara energislag gynnas för närvarande mycket starkt av den svenska staten, på samma sätt som i många andra länder. Olika stödprogram har funnits tidigare, men just nu fokuseras på systemet med gröna certifikat, som infördes under 2003. Målet med detta system är att öka den årliga produktionen av förnybar el med 10 TWh från 2002 till 2010. Det finns planer på att införa en gemensam svensk-norsk marknad för gröna certifikat, vilken var tänkt att träda i kraft den 1 januari 2006. Nyligen sköts emellertid starten för en gemensam certifikatmarknad upp ett år, och målet är nu att genomföra en gemensam marknad från den 1 januari 2007.[8] Dagens system med gröna certifikat upphör 2010, men regeringen har uttalat att systemet kommer att permanentas.[9]

Anläggningar för vindkraft, solenergi, geotermisk energi, biobränslen, vågenergi och småskalig vattenkraft (under 1,5 MW) kan erhålla certifikat för all kraft de levererar. Certifikaten kan säljas separat från elen. Elleverantörer är skyldiga att inneha certifikat som uppgår till en viss procentandel av deras totala försäljning (10,4 procent 2005, vilket höjs till 16,9 procent 2010), eller betala en straffavgift, s.k. kvotpliktsavgift. Försäljning till elintensiv industri är dock undantagen från detta krav. Fram till 2007 har staten också åtagit sig att köpa certifikat till en successivt fallande nedre prisgräns, under 2005 är den 40 kronor per MWh. Straffavgiften fastställer vad som maximalt kommer att betalas för att köpa certifikat på marknaden. Köp av certifikat är emellertid avdragsgilla vid beskattning, vilket straffavgiften inte är. Det innebär att avgiften för 2004 på 240 kronor per MWh skulle motsvara ett marknadspris på 333 kronor per MWh. Från och med 2005 är straffavgiften 150 procent av det volymviktade, genomsnittliga certifikatspriset för en 12-månadersperiod som börjar löpa den 1 april respektive år. Vi utvärderar det här systemet i kapitel 9.

Användningen av biobränsle för elproduktion har stadigt ökat under de senaste decennierna, från 1 989 GWh levererat bränsle under 1983 till 5 688 GWh under 2003. En stor del av ökningen har ägt rum under de senaste åren, 1999 uppgick mängden biobränsle för elproduktion till 3 532 GWh.[10] Mängden vindkraft är emellertid mycket liten, bara omkring 0,6 TWh om året (under 2002 och 2003), eller cirka 0,5 procent av den svenska elproduktionen. Energimyndigheten har föreslagit en målsättning på en årlig vindkraftproduktion på 10 TWh inom 10–15 år.

Statens stöd till investeringar i förnybara energikällor, och i synnerhet vindkraft, sker inte utan motstånd. Lokala intressegrupper protesterar exempelvis ofta mot uppförandet av vindkraftanläggningar. Energimyndigheten har därför utnämnt ett antal lokala områden till *områden av riksintresse för vindkraft*. För närvarande finns det 49 sådana områden i 13 län. I fyra län har vindmätningar visat att vindenergimängden är för liten, medan tillräckligt omfattande vindmätningar saknas i fyra län, vilket innebär att inga områden pekats ut i åtta län.[11] Att utpeka områden av riksintresse är ett planeringsinstrument som beskrivs i miljöbalken, och det finns flera andra sådana områden av riksintresse för olika ändamål (t.ex. naturvård, friluftsliv, kulturmiljövård, kommunikationer och tekniska anläggningar etc). Detta utpekande av ett område såsom varande av riksintresse är ingen garanti för att vindkraftprojekt alltid kommer att accepteras där, men att det måste finnas särskilt goda skäl för att neka sådan utbyggnad. För att möjliggöra en storskalig expansion av vindkraft har regeringen också aviserat att det finns behov av förändringar i plan- och bygglagen och miljöbalken.[12]

## Beskattning

Skatter har under lång tid använts för att uppnå olika miljömål, förutom att öka statens inkomster. De flesta skatter tas ut på konsumtion och dessa skatter har ökat betydligt under det senaste årtiondet. Det finns också några skatter på produktion, främst kopplade till kärnkraft.

Elskatten för hushåll har stadigt ökat sedan början av 1990-talet, särskilt under den senare delen av det årtiondet och hittills under detta årtionde. Jämfört med situationen före avregleringen (1995) har elskatten för hushållen (inklusive moms) ökat med mer än 17 öre per kWh, eller cirka 150 procent.

För industrins del avskaffades elskatten från den 1 januari 1993. På grund av en EU-bestämmelse om en minimiskatt på 0,5 öre per kWh återinfördes den dock igen den 1 juli 2004, men det finns vissa möjligheter för industriella användare att undvika skatten genom att införa särskilda energisparprogram.

I figur 2.4 visas utvecklingen av skatter från januari 1989 till 2004 för olika konsumentgrupper.[13]

Som redogjordes för tidigare i kapitlet finns det även ett antal skatter på produktionen. En del av dessa kan förväntas ge direkt utslag i form av högre priser, medan andra inte förväntas göra det. Av särskilt intresse för elpriser är troligen EU:s system för handel med utsläppsrätter, som infördes i januari 2005 och som man kan räkna med har drivit upp priserna. Systemet med utsläppshandel analyseras i ett parallellt forskningsprojekt (Hill och Kriström, 2005) och diskuteras därför inte i detalj här.

Sedan 1984 har en särskild skatt tagits ut på el som producerats vid

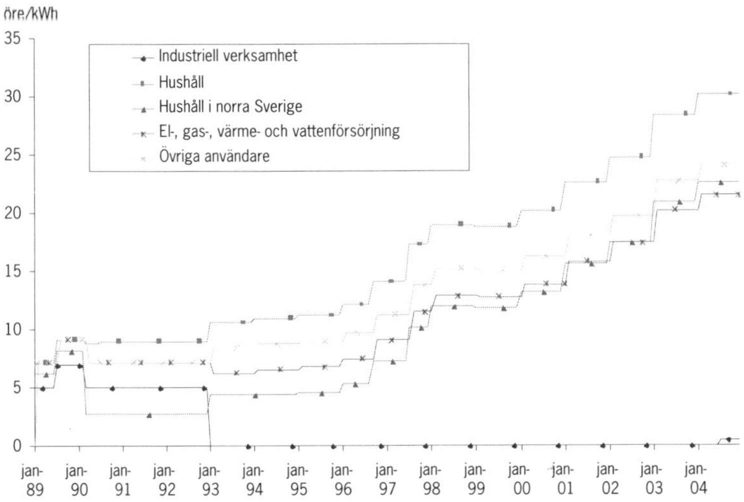


Källa: Svensk Energi.

FIGUR 2.4. Utvecklingen av konsumtionsskatter på elektricitet, 1989–2004.

kärnkraftverk. Ursprungligen var det en produktionsskatt, men sedan 2000 baseras skatten på anläggningens termiska effekt. För närvarande är den 5 514 kronor per månad per MW termisk effekt. Dessutom tillkommer en avgift på 0,15 öre per kWh på kärnkraftproducerad el för att täcka kostnaderna för tidigare verksamhet vid anläggningen i Studsvik.

Det finns också ytterligare några direkta miljöskatter och avgifter. För att finansiera framtida utgifter för använt kärnbränsle finns det individuella avgifter för varje enskild kärnkraftanläggning, motsvarande cirka 0,6 öre per kWh. Det finns även en avgift för utsläpp av kväveoxid, men de flesta avgifter som tas ut betalas tillbaka till de anläggningar som har lägst utsläpp i förhållande till den egna energiproduktionen. Dessutom beskattas utsläpp av svaveldioxid, medan koldioxidskatten och energiskatten inte tas ut på produktionen av beskattningsbar el, men sedan 2005 ingår elproduktion i EU:s system för handel med utsläpp av koldioxid.

## Marknaden för naturgas

En marknad som ligger nära elmarknaden är gasmarknaden, som är väl värd en viss uppmärksamhet. I Sverige är överförings- och distributionsnäten för naturgas mycket begränsade. Det finns en gasledning på den svenska västkusten och en utbyggnad av den ledningen in i Småland. Det finns planer på att bygga ut den sistnämnda ledningen i riktning mot Mälardalsregionen. Överföringsnätet ägs av dels Nova Naturgas[14], som äger ledningen utmed Sveriges västkust, och Sydkraft, som äger ledningen från västkusten till Småland och som planerar den nya ledningen. Ägandet av distributionssystemet är splittrat mellan olika företag.

Nyligen beslutade regeringen att utnämna elmarknadens systemoperatör Svenska Kraftnät till systemoperatör även för gasmarknaden. Nova Naturgas, som äger merparten av nätet, har varit tillfällig systemoperatör och hade ambitionen att behålla den rollen. Av den anledningen sålde Nova Naturgas sin handelsenhet (Nova Supply) till, det av danska staten ägda, olje- och gasföretaget DONG.

Nova Naturgas uppgav att man hade en tydlig ambition att utveckla den svenska naturgasmarknaden. Svenska Kraftnät saknar erfarenhet av gasmarknaden och det är fortfarande oklart exakt vilken ställning företaget kommer att ha i relation till utvecklingen av gasmarknaden. Det finns emellertid fördelar med att utnämna Svenska Kraftnät till systemoperatör. För det första innebär det att systemoperatören kommer att vara oberoende av aktörerna på marknaden, vilket är en klar fördel. För det andra kan det finnas fördelar med att samla ansvaret för både el- och gasmarknaden hos samma aktör. Det kan exempelvis förbättra möjligheterna att göra de bästa investeringarna i de olika teknikerna. I Danmark har systemoperatörerna för elmarknaden (Elkraft och Eltra) också nyligen sammanslagits med systemoperatören för gasmarknaden, för att skapa den nya enheten *Energinet Danmark*, medan *National Grid Group* i Storbritannien gick samman med gasnätföretaget *Lattice* under 2002.

## Vad har avregleringen egentligen påverkat?

I en undersökning av effekterna av avreglering är det viktigt att skilja mellan sådana händelser och förändringar som beror på avreglering och sådana som har andra orsaker. I den här studien har vi tagit med en diskussion om reglerade monopolverksamheter, även om de inte avreglerats. Utvecklingen av nätverksamheten kan således inte främst tillskrivas avreglering utan snarare utformning och implementering av regleringen av dessa delar. Det kan naturligtvis finnas en del indirekta effekter eftersom avregleringen har påverkat branschens funktionssätt. Det kan mycket väl röra sig om en överspillningseffekt från avreglerade delar av branschen, till de reglerade delarna. Avregleringen har inneburit att elbolagens grundläggande *modus operandi* har förändrats, från att erbjuda en basservice mot kostnadstäckning till vinstmaximerande företag på en marknad. Detta kan tyda på att en striktare reglering behövs av de reglerade delarna, jämfört med tiden före avregleringen.

## Strömavbrott

Under de senaste åren har det förekommit ett antal strömavbrott som fått stor offentlig uppmärksamhet. I debatten har dessa händelser ibland tillskrivits avregleringen. Det finns därför anledning att åtminstone helt kort diskutera några av de större incidenterna.

Hösten 2003 drabbades södra Sverige och östra Danmark av ett stort strömavbrott, som sammanföll med strömavbrott i flera andra OECD-länder. Det är emellertid värt att påpeka att detta strömavbrott inte hade att göra med avregleringen. Elsystem är konstruerade på ett sådant sätt att de alltid kan klara förlusten av någon enskild komponent. Klockan 12.30 den 23 september 2003 uppstod ett fel i block 3 i kärnkraftverket i Oskarshamn, som ledde till att detta block stängdes. Systemet klarade detta fel utan problem eftersom det fanns tillräckligt mycket reservkapacitet som kunde täcka upp den plötsliga kraftförlusten. Fem minuter senare uppstod emellertid ett apparatfel i ett ställverk i sydvästra Sverige till vilket två av reaktorerna i Ringhals kärnkraftverk är kopplade. Ett följdfel till det ursprungliga felet ledde till att hela ställverket kopplades bort från stamnätet. Detta andra fel innebar att sammanlagt nästan 3 000 MW kraft föll bort inom några minuter och spänningen i södra Sverige föll.[15] I en del av nätet föll spänningen så lågt att den inte kunde återhämtas, och felet spreds vidare till andra delar av nätet. Momentant kopplades ca 4 700 MW förbrukning bort i södra Sverige. Systemoperatörerna började återställa kraft till nätet en timme efter det att felet uppstått och all tillförsel var återställd klockan 19.00 den kvällen.

Felet hade, som tidigare nämnts, inget att göra med avregleringen. Det skulle bli extremt dyrt att driva nätet på ett sådant sätt att det kunde klara två fel som uppstod tätt efter varandra, och fördelarna med detta skulle vara små eftersom det är mycket ovanligt att det uppstår två fel så här tätt. Sverige hade helt enkelt otur den här dagen. De omfattande felen i USA och Italien tycks delvis ha berott på misstag som gjorts av systemoperatörerna. Dessa operatörer arbetar för en del av marknaden som fortfarande är reglerad, men avreglering har visat sig öka flödet inom kraftnätet och detta kan ha bidragit till dessa misstag.

I januari 2005 orsakade en kraftig storm ett omfattande strömavbrott i södra Sverige. Cirka 500 000 kunder förlorade sin el och det tog över en månad för alla att få den tillbaka. Enligt det värst drabbade bolaget, Sydkraft, behövde ca 2 000 mil ledning repareras och 200 mil byggas om helt. Detta ledde till en intensiv debatt om hur säkert elnätet var och om investeringarna och underhållet varit tillräckligt omfattande.

Det är oklart i vilken utsträckning som denna incident kan tillskrivas förändringar till följd av elmarknadsreformen. Stormen var utan tvekan ovanligt hård och orsakade allvarliga skador inte bara på elförsörjningen. Det har rapporterats att uppemot 700 miljoner kubikmeter skog skadades av stormen (eller 250 miljoner träd). I de värst drabbade områdena i Kronobergs och Jönköpings län skadades 18 respektive 12 procent av skogen. Regeringen har beslutat om ett stödprogram för de drabbade skogsägarna på två miljarder kronor under 2005 och 2006. Detta visar hur allvarlig stormen var.

Det är uppenbart att stormen var så svår att vilket elnät som helst skulle ha drabbats svårt av den. Stormens konsekvenser kunde naturligtvis ha blivit lindrigare om exempelvis en större del av ledningsnätet utgjorts av nedgrävda kablar i stället för av luftledningar. Men dagens ledningsnät utformades under tiden före avregleringen och nedgrävda ledningar kostar mycket mer än luftledningar. Bättre underhåll kunde möjligen ha minskat elavbrottets tidsutsträckning, men samtidigt tillfördes resurser från andra delar av Sverige och från Sydkrafts moderbolag E.ON.

Det finns alltså ingen grund för slutsatsen att stormens konsekvenser skulle ha varit helt annorlunda om marknaden inte avreglerats. Incidenten belyser emellertid frågan om vilken den önskvärda kvalitetsnivån borde vara. Detta diskuteras utförligare i kapitel 6.

1. Detta är på väg att ändras på grund av EU:s regelverk. Enligt elmarknadsdirektivet (dir. 2003/54/EG) måste företag ha skilda vd:ar och styrelseledamöter för nätmonopol och den konkurrensutsatta verksamheten. Medlemsländerna kan välja att inte tillämpa detta på företag med färre än 100 000 kunder, vilket Sverige också valt att göra.
2. Delar av det tidigare Graninges vattenkrafttillgångar i Sverige och Finland har sedermera sålts till Statkraft.
3. Enligt Svensk Energi fanns det 184 nätföretag 2003.
4. Cirka 50 nätföretag har färre än 5 000 kunder.
5. Denna avgift dras av för användare, grundat på de genomsnittliga utsläppen, så att bara de som släpper ut mer än genomsnittet drabbas av en nettoavgift.
6. De fyra älvarna är Torne-, Kalix-, Pite- och Vindelälven.
7. Siffrorna på potentiell produktion bygger på information från informationsservicen EMMA, på Svensk Energis webbsida.
8. Pressmeddelande från norska Olje- og energidepartementet, 14 februari 2005.
9. Artikel skriven av samhällsbyggnadsminister Mona Sahlin, *Dagens Nyheter*, 13 mars 2005.
10. Energimyndigheten (2004b).
11. De fyra län som saknar vindberäkningar är Dalarna, Västernorrland, Västerbotten och Norrbotten. Tillsammans utgör dessa fyra län nästan halva Sveriges yta.
12. Artikel skriven av samhällsbyggnadsminister Mona Sahlin, *Dagens Nyheter*, 13 mars 2005.
13. Skatten är lägre i några kommuner i norra Sverige, vilket framgår av den streckade linjen »hushåll i norra Sverige«. Moms på el infördes från mars 1990 med 23,46 procent och höjdes sedan till 25 procent från juli 1990. Momsen på *elskatten* ingår i kurvan för hushållskunder, men moms på den del av elräkningen som inte är skatt ingår inte.
14. Nova Naturgas ägs av Ruhrgas, Statoil, DONG och Fortum.
15. Spänning kan beskrivas som »trycket« i ett elektriskt system, och därför innebar bristen på de viktigaste anläggningarna i södra Sverige att det inte fanns något som upprätthöll trycket i den delen av nätet.

# 3. Vad har hänt med elpriserna?

Syftet med det här kapitlet, och de följande, är att ge en överblick över vad som hänt på den svenska elmarknaden sedan den avreglerades 1996. Vi tror att det är viktigt att ha en gemensam grund att stå på vad gäller den faktiska utvecklingen under senare år, innan vi går vidare och analyserar avregleringens effekter och slutligen gör en utvärdering av den svenska elmarknadens avreglering.

I det här kapitlet kommer vi att beskriva och analysera prisutvecklingen efter avregleringen. Vi kommer att ta upp råkraft- och slutkundpriser samt nätavgifter. Denna genomgång ska inte i sig uppfattas som en beskrivning av avregleringens effekter. Längre fram i boken kommer vi emellertid att diskutera kontrafaktiska utvecklingsscenarier, baserade på vad vi anser är troliga utvecklingar om avregleringen inte ägt rum. Genom att jämföra dessa scenarier med den faktiska utvecklingen ges en indikation på avregleringens effekter på den svenska elmarknaden. I de följande kapitlen kommer vi att fortsätta att göra liknande beskrivningar och analyser beträffande andra viktiga variabler, som investeringar och internationell handel.

## Prissättning på marknaden före avregleringen

Prisbildningen under tiden före avregleringen var ganska effektiv, jämfört med prisbildningen på el i många andra länder. På högspänningsmarknaden bestämdes prisnivån i första hand av statens avkastningskrav på Vattenfall, eftersom Vattenfall var prisledande på marknaden. Detta satte ett pristak, samtidigt som kraftbolagen genom sitt nära samarbete kunde begränsa tillträdet till marknaden och förhindra att priserna blev allt för låga. Enligt Bergman m.fl. (1994) tyder resultat från simuleringar på att priserna 1991 var något högre än jämviktspriset vid perfekt konkurrens (då priset är lika med marginalkostnaden). Den svenska kraftindustrin hade under lång tid accepterat prissättning enligt marginalkostnadsprincipen, med budget- och avkastningsrestriktioner. Under 1980-talet, när en avsevärd mängd ny kärnkraftkapacitet tillkom, med lägre kortsiktiga marginalkostnader, föll också den rörliga delen av elpriset. Budget- och avkastningsrestriktioner gör emellertid fortfarande prissättning utifrån genomsnittlig kostnad till en rimlig approximation av prissättningsprincipen före avregleringen.

Dessutom verkar förekomsten av prisdiskriminering att ha varit liten på marknaden före avregleringen. Det beror troligen på det faktum att statligt ägda Vattenfall var ganska oberoende i relation till regeringen och således satte sina priser oberoende av den. I kombination med måttstockskonkurrens från (privata) producenter innebar detta att det fanns få incitament att prisdiskriminera till förmån för speciella kundgrupper.

På lågspänningsmarknaden var prissättningen på marknaden också, i viss mån, påverkad av måttstockskonkurrens, men juridiska krav i ellagen på skäliga priser och självkostnadsprincipen i kommunallagen påverkade också priserna. Detta innebar att det på lågspänningsmarknaden var ännu mer relevant att tala om en prissättning utifrån genomsnittsprincipen, än det var på högspänningsmarknaden. Förekomsten av prisdiskriminering var troligen liten även på lågspänningsmarknaden, men korssubventionering mellan el och kommunala kraft- och fjärrvärmeanläggningar existerade.

## Elprisets utveckling

Vid varje utvärdering av en marknadsreform ur ekonomisk synvinkel är utvecklingen av priserna av avgörande betydelse. Det främsta argumentet för avreglering och konkurrens är att konkurrens kommer att förbättra marknadens funktionssätt och på så vis skapa välfärdsvinster för samhället. Detta bygger på antagandet att vi kommer att få (någorlunda) väl fungerande konkurrens på marknaden, med väl fungerande prissättning. Priserna ska då återspegla marginalkostnaderna på kort sikt, åtminstone när marknaden inte har kapacitetsbegränsningar. Detta är en viktig förutsättning för såväl en effektiv (kostnadsminimerande) användning av systemet som för att garantera att kunderna inte behöver betala »för mycket« för elen och att ge de rätta incitamenten att investera. Priser är alltså viktiga ur både effektivitets- och fördelningsaspekter.

Figur 3.1 visar utvecklingen av det reala elpriset sedan 1990 (index 1990 = 100). Figuren visar både producentprisindex för el, dvs. det som producenten får betalt, och konsumentprisindex för el, dvs. det som de privata hushållen får betala. Ur dessa två sifferserier har ett indirekt index för andra användare än hushåll beräknats.

Figuren visar att de reala elpriserna var så gott som konstanta innan avregleringen. 1996 steg priserna, vilket förmodligen kan förklaras med att det torra vädret drev upp dem. Vid tidpunkten för avregleringen kan vi också se att utvecklingen av producentprisindex och konsumentprisindex börjar skilja sig åt, vilket tyder på olika prisutveckling för hushåll och andra användare.

Det genomsnittliga pris som producenterna tar ut ökar något under 1997, men faller rätt dramatiskt i början av 1998. Hushållen drar emellertid inte nytta av detta prisfall. Från slutet av 2000 ökar priserna igen och når en topp tidigt under 2003. En intressant observation är att omedelbart efter denna pristopp går producentprisindex ner igen, medan konsumentprisindex förblir högt. En förklaring som vi fått är att många konsumenter valde att teckna fasta avtal när priserna var höga, vilket hindrade prisnivån från att falla snabbt igen.

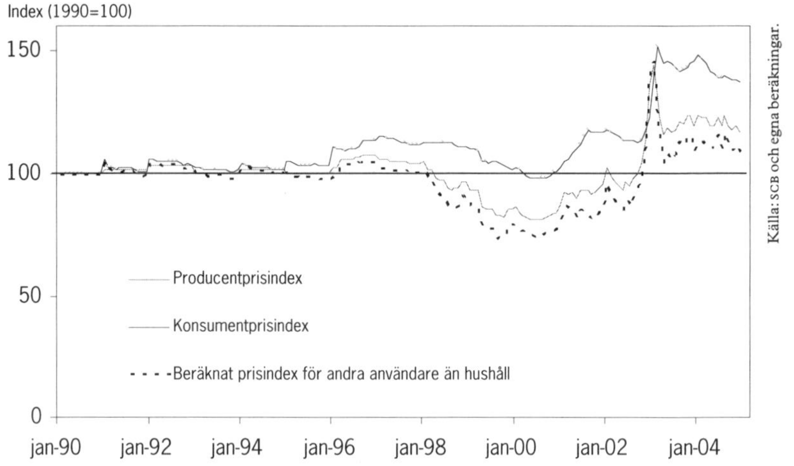


FIGUR 3.1. Reala prisindex för elektricitet.

På elmarknaden bestäms priserna för de flesta kunder på fyra olika nivåer. Först och främst finns det en nordisk råkraftmarknad där priserna främst bestäms på den nordiska elbörsen, Nord Pool. För det andra påverkas priserna för slutkunderna av leverantörernas marginaler, och för det tredje påverkas elpriset av nätavgifterna. Nättjänster tillhandahålls av reglerade legala monopol och dessa priser bestäms därför inte på marknaden. Slutligen är skatteutvecklingen oerhört viktigt för att fastställa det totala elpriset. I figuren ovan har skatterna dragits från konsumentpriset, men de tre övriga beståndsdelarna bidrar alla till prisutvecklingen. Som visas nedan är den viktigaste förklaringsfaktorn prisutvecklingen på Nord Pool.

I det följande avsnittet studerar vi hur förändringar av råkraftpriset, slutkundpriset, leverantörsmarginaler och nätavgifter har bidragit till den sammantagna prisutvecklingen. Skatternas utveckling har redan beskrivits ovan.

## Priser på Nord Pool

Nord Pool är en gemensam marknadsplats för den nordiska marknaden. Till skillnad från den gamla engelska poolen är handeln via Nord Pool inte obligatorisk, utan transaktionerna via den är frivilliga. Priserna på Nord Pool är emellertid viktiga referenspriser även för transaktioner som äger rum utanför Nord Pool.

Den nordiska elmarknaden domineras av vattenkraft, och tillgången på vatten är av avgörande betydelse för priserna på Nord Pool. Figur 3.2 visar utvecklingen av systempriset på Nord Pool (se även tabell 3.1) och vattenmagasinfyllnaden i Norge och Sverige från 1996 fram till sommaren 2004.

Direkt efter avregleringen av den svenska elmarknaden 1996 kom en period med stora underskott i vattenmagasinen. Nord Pools systempris var också ganska högt fram till början av 1997. En förbättring av magasinfyllnaden följdes sedan av en tydlig prissänkning. De följande åren var »våtår« med stora nederbördsmängder och systempriset var mycket lågt från början av 1997 fram till sommaren 2001. Sommaren 2001 var ganska torr, vilket ledde till en höjning av priserna, men under hösten återställdes balansen i vattenmagasinen igen. Men från och med inledningen av sommaren 2002 inleddes en torr period. Underskotten i magasinen ökade dramatiskt och priserna följde med uppåt. Extremt höga priser noterades, speciellt under näg-

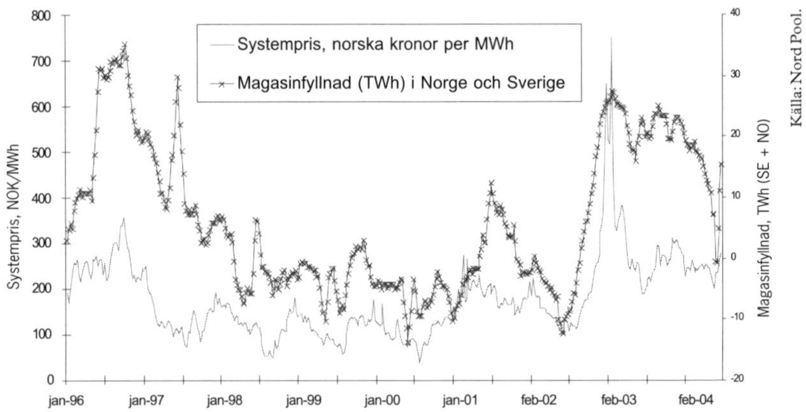


FIGUR 3.2. Priser på Nord Pool och vattenmagasinfyllnad.

ra veckor kring årsskiftet 2002/03. I januari 2003 steg det genomsnittliga veckopriset till över 730 norska kronor per MWh. Efterfrågan var också ovanligt stor under den perioden eftersom låga temperaturer skapade en ökad efterfrågan på uppvärmning.

Eftersom sommaren och hösten 2003, och vintern 2003/04 var ganska torra, återställdes inte magasinens nivåer så snabbt och priserna låg kvar på en hög nivå.

TABELL 3.1. Genomsnittspriser på Nord Pool 1996–2004, svenska kronor per MWh.

| | *Vår* | *Sommar* | *Höst* | *Vinter** |
|---|---|---|---|---|
| 1996 | 254,3 | 265,5 | 278,5 | 210,1 |
| 1997 | 130,1 | 113,8 | 139,9 | 172,4 |
| 1998 | 122,9 | 86,3 | 113,6 | 140,9 |
| 1999 | 97,5 | 100,8 | 138,4 | 140,1 |
| 2000 | 109,5 | 89,9 | 141,9 | 191,8 |
| 2001 | 223,9 | 211,5 | 190,2 | 216,7 |
| 2002 | 157,5 | 182,1 | 305,6 | 584,2 |
| 2003 | 300,1 | 269,8 | 313,5 | 259,7 |
| 2004 | 251,4 | 275,9 | 250,3 | 223,2 |

* För vintersäsongen som startade det året.

Årstiderna definieras på följande sätt: vår: mars–maj, sommar: juni–augusti, höst: september–november, vinter: december–februari.

Källa: Nord Pool och egna beräkningar.

### VINTERN 2002/03

Läget under vintern 2002/03 beskrevs kortfattat ovan. Den situationen måste anses vara en extrem händelse. Beräkningar som gjorts visar att sannolikheten för ett så litet, eller än mindre, vattentillflöde som under hösten 2002 understiger 0,5 procent, dvs. en gång vart 200:e år (ECON, 2003a).

Under första delen av 2002 var tillflödet normalt, men det minskade dramatiskt under hösten. Från början av augusti till slutet av året var det sammanlagda tillflödet i Norge, Sverige och Finland cirka 35 TWh lägre än normalt, vilket är ungefär hälften av det normala tillflödet under den perioden och det lägsta som någonsin uppmätts. Som en jämförelse kan nämnas att bortfallet under dessa fem månader var större än om hela den svenska kärnkraftproduktionen hade stängts under hela den perioden. Efter årsskiftet fortsatte tillrinningen att ligga under normala nivåer.

Från oktober 2002 till början av januari 2003 var det dessutom ovanligt kallt i de nordiska länderna, vilket ökade konsumtionen. Konsumtionsökningen uppgick uppskattningsvis till cirka 3,5 TWh. Ovanpå allt detta uppstod det problem i förbindelserna mellan Själland och Tyskland och mellan Sverige och Polen, vilket minskade importmöjligheterna med upp till 1,5 TWh (ECON, 2003b). Dessa var i sig ganska oviktiga händelser, men ovanpå en redan extrem situation är de av betydelse på grund av sin påverkan på priserna.

Som en följd av denna utveckling steg priserna dramatiskt under hösten 2002. Från en nivå på cirka 100 norska kronor per MWh under sommaren 2002, steg priserna till nästan 800 kronor per MWh runt nyår.

## Utvecklingen av slutkundpriser

Under de senaste två åren har det sammanlagda elpriset ökat en hel del. Som visades ovan (se figur 3.1) hade slutkundpriserna (inklusive nätavgifter men exklusive skatter) varit ganska stabila innan avregleringen. Ett problem med att jämföra priser före och efter avregleringen är att det inte går att dela upp priserna före avregleringen i en energidel och en transportdel (nätavgifter).

Ett annat hinder är att priser är svåra att jämföra även under den avreglerade perioden eftersom de varierar beroende på vilken typ av avtal det rör sig om. Att undersöka bara en typ av avtal skulle kunna innebära antingen en underskattning av den genomsnittliga prisförändringen (när man tittar på el som sålts till koncessions/normalpris) eller en överskattning av de genomsnittliga förändringarna (när man tittar på olika avtalsformer för kunder som bytt leverantör eller omförhandlat sina avtal). Detaljerad statistik över antalet kunder som bytt leverantör finns inte tillgänglig. Med dessa begränsningar i åtanke övergår vi nu till att granska tillgänglig statistik.

Prisuppgifter för olika kundgrupper finns att tillgå från 1997.[1] Priserna var också ganska stabila från avregleringstidpunkten fram till 1997. Från 1997 till 2000 föll elpriserna, exklusive nätavgifter och skatter, för alla kundslag, inklusive kunder som blev kvar hos sin gamla leverantör utan att omförhandla sitt avtal, vilket framgår av figur 3.3.[2] Den totala prisminskningen under den perioden var mellan 12 och 20 procent. Från 2001 till 2003 började priserna stiga igen och prisökningen mellan 2000 och 2003 varierade mellan ungefär 100 och 150 procent beroende på kundslag. Mellan 1997 och 2003 var prisökningen mellan ungefär 70 och 110 procent.

Det är emellertid viktigt att notera att många kunder bytt avtalsform, och när det gäller dessa kunder är det antagligen mer korrekt att jämföra elpriser som sålts under koncession med el såld utifrån

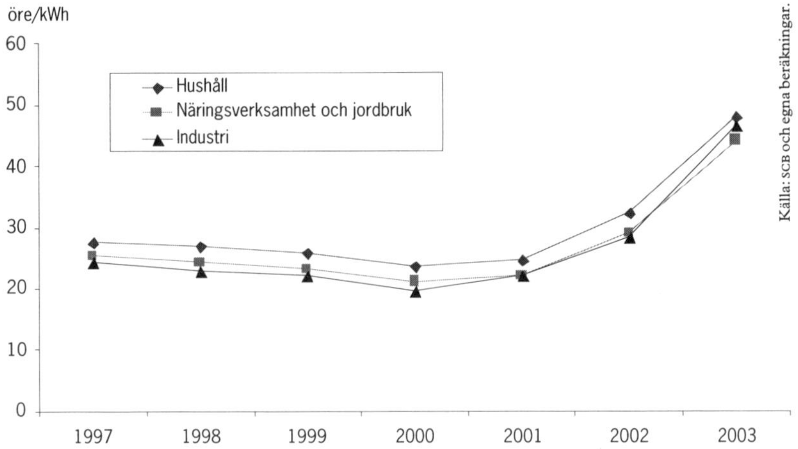


FIGUR 3.3. Elpris (exklusive nätavgifter och skatter) för kraft såld under koncession (1997–1999) och normalprisavtal (2000–2003).

ett omförhandlat avtal. Vi kommer nu att fortsätta genom att titta på prisutvecklingen för omförhandlade avtal, som visas i figur 3.4, och sedan jämföra prisskillnaden mellan omförhandlade och icke omförhandlade avtal. För omförhandlade avtal finns data tillgängligt från 1997 vad gäller industrikunder och från 1998 vad gäller hushåll, jordbruk och företag.

Prismönstret liknar ganska mycket det för el som sålts under koncession. Priserna faller fram till 2000 och stiger sedan.[3] Prisökningen för industrikunder är 30–35 procent mellan 1997 och 2000, och för hushåll, jordbruk och företag 10–30 procent mellan 1998 och 2000. Från 2000 till 2003 ökade priserna för industrikunder med 130–180 procent medan prisökningarna för hushåll, jordbruk och företag var 100–140 procent.

Fördelarna med avregleringen för kundernas del kommer att underskattas om man inte tar hänsyn till möjligheten att byta leverantör eller att omförhandla avtalet med befintlig leverantör. De omförhandlade avtalen har vanligen ett lägre pris. I figur 3.5 visas skillnaderna mellan avtal som omförhandlats och sådana som inte omförhandlats.[4] Skillnaden var ungefär mellan 0,5 och 3 öre/kWh under 1998.

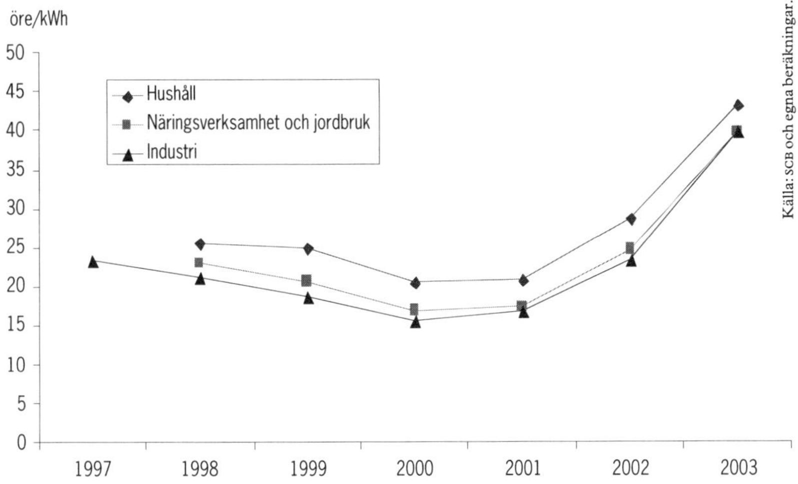


Källa: SCB och egna beräkningar.

FIGUR 3.4. Elpris (exklusive nätavgifter och skatter) för el såld utom koncession (1997–1999) och ettårsavtal (2000–2003).

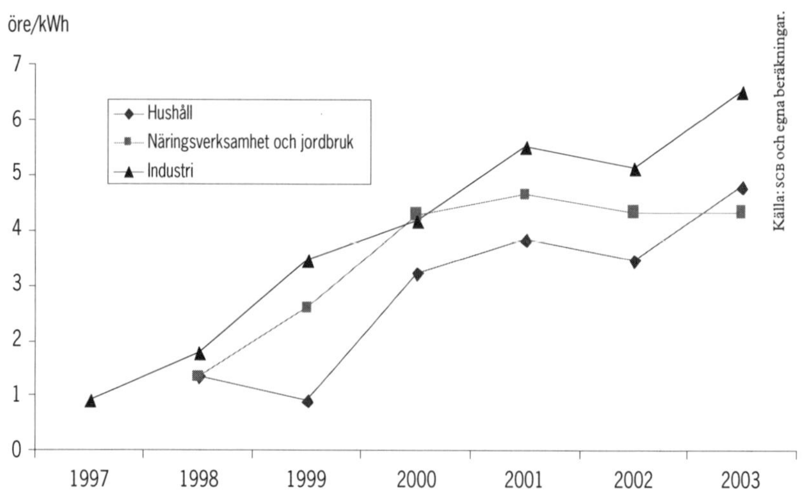


FIGUR 3.5. Prisskillnad mellan avtal som inte omförhandlats och omförhandlade avtal.

De största prisskillnaderna konstaterades för lägenhetskunder och de minsta för de med villor med och utan elvärme. Dessa tre har slagits ihop till en grupp i figuren. Prisskillnaderna har uppvisat en trendmässig ökning. För hushåll, jordbruk, företag och små- och medelstora industrikunder har den största ökningen av prisskillnaderna uppstått mellan 1999 och 2000, och en möjlig förklaring till denna ökning är bytet av prisserier. Nästa stora hopp ägde rum mellan 2002 och 2003. För elintensiva industrier visade sig de största ökningarna av prisskillnaderna emellertid mellan 1998 och 1999 och mellan 2000 och 2001. Under 2003 var prisskillnaden mellan 4 och 7,3 öre per kWh, beroende på kundgrupp.

## UTVECKLINGEN AV LEVERANTÖRSMARGINALER

Slutkundpriserna har ökat betydligt under de senaste åren. Detta kan i stor utsträckning förklaras av ökningen av råkraftpriser, även om priserna på långa avtal bör ha varit mer stabila är spotpriserna. En intressant fråga gäller emellertid hur leverantörernas marginaler har utvecklats sedan avregleringen.

Utvecklingen av Vattenfalls marginaler gentemot hushållskunder

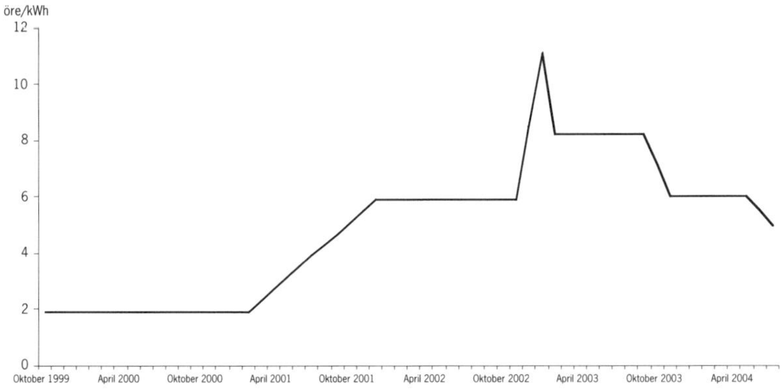


Källa: Pm från Vattenfall till Regelutredningen.

FIGUR 3.6. Skiss över utvecklingen av Vattenfalls marginaler gentemot hushållskunder.

visas i en pm, som Vattenfall skickat till den av regeringen tillsatta Regelutredningen (se figur 3.6). Den skissen visar att marginalerna var cirka 2 öre per kWh från oktober 1999 till början av 2001. Marginalerna ökade till en nivå kring 6 öre per kWh vid inledningen på 2002 och låg kvar på den nivån fram till slutet av 2002. Kring december 2002 och januari 2003 ökade marginalerna under en kort tid dramatiskt till nivåer över 10 öre per kWh, sedan föll de snabbt något, även om de förblev på en högre nivå. Mot slutet av 2003 föll marginalerna något mer och återvände till samma nivåer som före vintern 2002/03. På senare tid har marginalerna ökat ytterligare något.

Vår uppfattning är att utvecklingen av leverantörsmarginalerna, som de framgår av Vattenfalls information, är representativ för åtminstone de större leverantörerna på den svenska marknaden. ECON (2002) undersökte utvecklingen av marginalerna gentemot hushållskunder mellan augusti 1999 och juni 2002. I undersökningen följdes utvecklingen av marginalen hos 25 av de mest aktiva leverantörerna. Det innebär att de fyra största företagen är inkluderade.[5] Resultaten från ECON-undersökningen överensstämmer med de siffror som Vattenfall rapporterade. Enligt ECON ökade marginalerna gentemot hushållskunder med en årskonsumtion på 20 000 kWh per år från 2 öre per kWh i augusti 1998 till cirka 6 öre per kWh i juni 2002.

## Utvecklingen av nätavgifter

Från 1996 till 2002 var regleringen av nätavgifterna utformad som en *ex post*-reglering. Företagen var fria att sätta sina priser, men dessa granskades sedan i efterhand av tillsynsmyndigheten. I praktiken har denna reglering inneburit ett slags pristaksreglering, eftersom tillsynsmyndigheten arbetat för att förhindra prisökningar. Från och med 2003 används en ny regleringsmodell, Nätnyttomodellen. Även den är ett exempel på *ex post*-reglering, och modellen var fortfarande inte slutligt fastställd när nätavgifterna för 2003 bestämdes. Det är därför inte troligt att den regleringsförändringen hade någon effekt på priserna 2003.

Figur 3.7 visar utvecklingen av nätavgifter (i löpande priser) för olika kundgrupper. I löpande priser märks en liten ökning. För hushållskunder är ökningen mellan 8 och 17 procent, för jordbruk 6 procent, för företag cirka 4 procent, medan den uppgår till 5 procent för mindre industrikunder. Inflationen har varit nära 9 procent mellan 1996 och 2003. I reala termer betyder det att bara villor utan elvärme

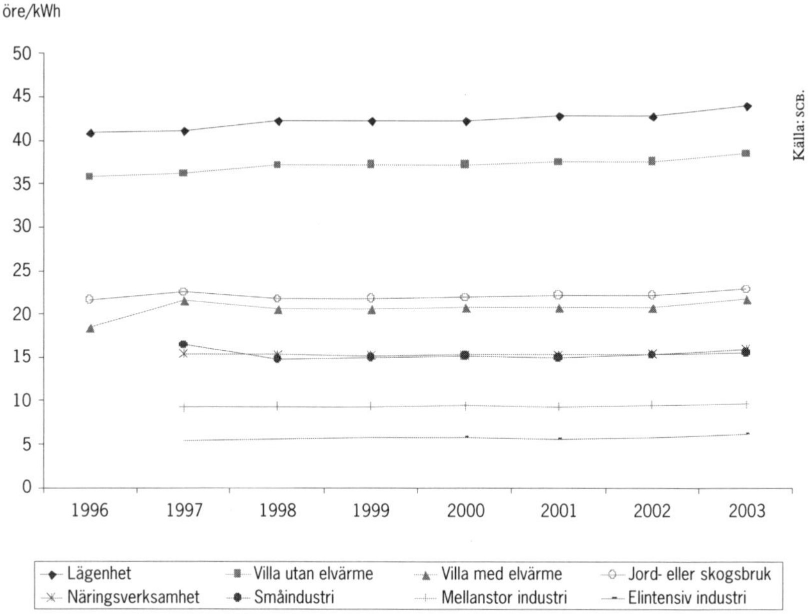


FIGUR 3.7. Utveckling av nätavgifter i löpande priser.

har haft en avgiftshöjning (på cirka 8 procent) medan andra grupper haft minskningar på mellan 1 och 13 procent. Ökningen för villor utan elvärme förklaras helt av en ökning mellan 1996 och 1997.

## Hushållens totala elpris

Figur 3.8 illustrerar hur olika delar av den samlade elräkningen, elpriset, nätavgifter och skatter, har utvecklats sedan 1990. Det totala priset har erhållits från konsumentprisindexdata, och nätavgifter och skatter har sedan dragits ifrån. I reala termer var det totala elpriset för hushållskunder i grova drag konstant under första hälften av 1990-talet. Före 1996 är det inte möjligt att särskilja hur stor del av räkningen som gäller energi respektive nät.

Från 1996 till slutet av 1997 ökade priserna avsevärt. Frånsett en ökning av elpriset före skatt i början av 1996 förklaras denna ökning enbart av skattehöjningar. Elpriserna före skatt var grovt räknat oförändrade under perioden 1996–1998 och började sedan minska. De ökade på nytt från mitten av 2000 och steg dramatiskt i slutet av 2002, vid en tidpunkt med höga Nord Pool-priser. Nord Pool-priserna föll sedan, men det gjorde inte det genomsnittliga slutkundpriset, kanske för att många konsumenter hade tecknat årliga fastprisavtal till det höga priset.

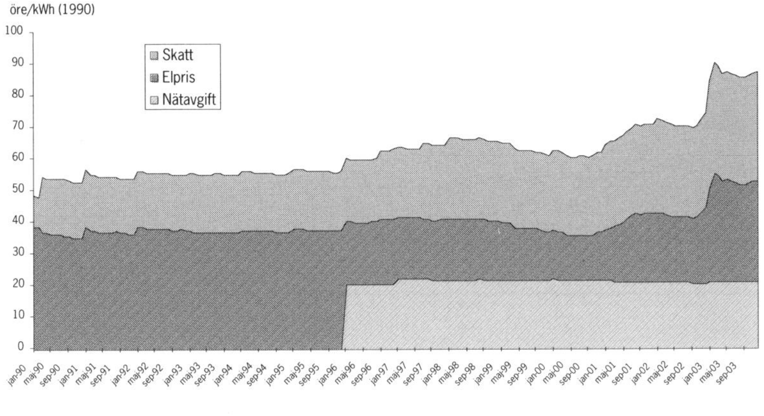


Källa: SCB och egna beräkningar.

FIGUR 3.8. Reala elpriser för hushåll, framräknade utifrån konsumentprisindex.

NOTER

1. Det finns även uppgifter för 1996, men en del kundgrupper skiljer sig åt 1996, jämfört med senare år. För hushållskunder, som innehåller samma kundgrupper under hela perioden, tyder uppgifterna på en svag prisökning mellan 1996 och 1997. Mönstret verkar vara detsamma för andra kundgrupper även om uppgifterna inte är direkt jämförbara.
2. För tydlighets skull har vi valt att rapportera oviktade genomsnitt för flera undergrupper. Hushåll utgörs därmed av de tre grupperna lägenheter, villor utan elvärme och villor med elvärme. Gruppen näringsverksamhet och jordbruk är också ett genomsnitt av priserna för dessa två grupper. Gruppen industri består av fyra grupper, från småindustri till stor elintensiv industri. Det finns skillnader mellan undergrupperna, men dessa är främst hänförliga till skillnader i nivåer snarare än i prisutvecklingsmönstret.
3. Notera att prisserierna för 1997–1999 gäller alla omförhandlade avtal medan prisserierna för 2000–2003 är för ettårsavtal. Man bör därför vara försiktig när man tolkar dessa prisjämförelser. Ettårsavtal har emellertid varit den vanligaste omförhandlade typen av avtal.
4. Skillnaden har räknats fram utifrån de två prisserier som redovisades i figur 3.2 och 3.3.
5. Birka/Fortum, Graninge (ägs nu av Sydkraft), Sydkraft och Vattenfall.

# 4. Investeringar i kraftproduktion

I det här kapitlet diskuterar vi investeringsnivån inom kraftproduktionen. Vi börjar med de principer som bestämmer hur mycket investeringar som behövs i ett elsystem, vilket helt beror på hur mycket kapacitet som behövs. Vi diskuterar sedan erfarenheterna i några nordiska länder under 1990-talet, innan vi ställer frågan om huruvida Sverige har haft en lagom investeringsnivå.

## Principer för investeringar

Att investera i kraftproduktion har inget egenvärde. Det är på så sätt man ökar produktionskapaciteten, men också det är bara ett medel för att nå ett djupare mål. Vi måste göra klart för oss varför vi vill framställa kraft, och på den frågan finns egentligen bara ett svar. Vi behöver produktionskapacitet för att kunna producera den el som kunderna är beredda att betala för. Det innebär att diskussionerna om storleken på investeringarna i kraftproduktion i själva verket mycket ofta är diskussioner om nivån på produktionskapaciteten.

Det traditionella tillvägagångssättet att bestämma nivån på produktionskapaciteten byggde på regler som kopplade nivån på önskad kapacitet till en prognos på förväntad elförbrukning. Den önskade kapacitetsnivån överensstämde naturligtvis aldrig med förväntad förbrukning eftersom det finns en risk att en del kapacitet inte är tillgänglig när den behövs samtidigt som förbrukningen mycket väl kan vara högre än förväntat. I den utsträckning som prognoserna bygger på genomsnittliga väderförhållanden kan vi räkna med att förbrukningen är högre än vad som förväntats, även om de stämmer på alla andra sätt, ungefär hälften av gångerna. Tumregeln var därför att lägga till en planeringsmarginal, utöver förväntad förbrukningsnivå, och att utgå från detta för att bestämma den önskvärda kapacitetsnivån.

Det skulle inte vara ekonomiskt att bygga så stor kapacitet att risken för strömavbrott var obefintlig. I ett system dominerat av värmekraft (kärnkraft eller fossila bränslen) skulle det innebära att man byggde så mycket produktionskapacitet att det inte fanns någon risk för att ett stort antal strömavbrott under en särskilt kall vinterdag skulle kunna minska den tillgängliga kapaciteten så att den understeg förbrukningen. I ett vattenkraftdominerat system skulle det innebära att man byggde så mycket lagringskapacitet att det inte fanns någon risk för att den tillgängliga energin ett kallt torrår skulle understiga förbrukningen. Med undantag för dessa ovanliga sammanträffanden med låg tillgänglig kapacitet och hög förbrukning skulle en del av kapaciteten aldrig komma till användning. En optimal nivå på reservkapacitet baseras på att balansera risken för strömavbrott, och kostnaderna för dessa, mot kostnaderna för att ha kapacitetsreserven. I Sverige är både nivån på toppkapaciteten och den totala mängden tillgänglig energi relevanta för försörjningstryggheten.

Figur 4.1 visar produktionskapacitet och elförbrukning i Norge och Sverige sedan 1978. I början av 1980-talet steg kapaciteten medan förbrukningen var oförändrad, som ett resultat av den världsomfattande recessionen vid denna tid. Dessutom kan den politiska debatten, och beslutet att fasa ut kärnkraften, också ha haft som effekt att några kärnkraftverk byggdes tidigare än de annars skulle ha byggts. Elförbrukningen återhämtade sig några år senare och kapaciteten växte sedan i samma takt som förbrukningen under resten av det årtiondet och början av 1990-talet. Användningen av el för uppvärmning ökade också avsevärt under 1980-talet, vilket delvis kan förklaras av elöverskottet. Figuren överensstämmer klart med en policy före avregleringen som gick ut på att försöka hålla en konstant marginal mellan kapacitet och förbrukning.

Givet en önskad kapacitetsnivå kan en regel för investeringar härledas. Det finns huvudsakligen tre skäl till att man bygger ut kapaciteten. För det första, om förbrukningen ökar, måste ytterligare kapacitet anskaffas för att klara tillförlitligheten i systemet (om det inte redan finns kapacitetsreserver). För det andra, om en del befintlig kapacitet har uppnått sin fulla livslängd och inte längre är någon tillförlitlig produktionsresurs, måste den ersättas (förutsatt att förbrukningen inte minskar). För det tredje, om den totala kostnaden för ett nytt kraftverk är lägre än de kostnader som kan undvikas för en redan existerande anläggning, så kan det vara ekonomiskt riktigt att ersätta den befintliga anläggningen, även om den inte uppnått sin fulla livs-

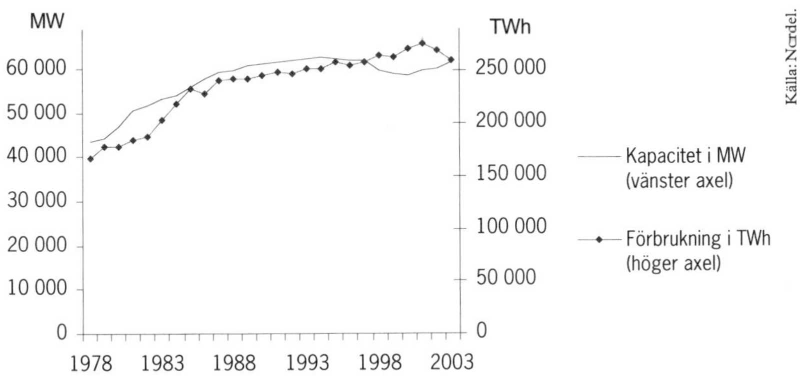


FIGUR 4.1. Kapacitet och förbrukning i Norge och Sverige.

längd. Med tanke på den stora andelen »sunk costs«, dvs. kostnader som inte kan återvinnas vid en nedläggning, i form av kapitalinvesteringar som satsats i de flesta kraftverk är det ett tufft test att klara av. Om ett gammalt kraftverk behöver en dyrbar ombyggnad, eller troligen inte kommer att klara miljökrav, kan emellertid den billigaste lösningen vara att ersätta den med en effektiv, modern anläggning, även om det gamla kraftverket rent fysiskt skulle kunna drivas i flera år till.

Efter avregleringen ändrades sättet att se på investeringar. Företag kommer nu att investera om de tror att de kan tjäna pengar på att göra så. De kommer, med andra ord, att investera om de tror att priset kommer att bli högre än deras kostnader under den aktuella perioden.

Den avgörande frågan är då hur priser bestäms. Om priset är lika med de verkliga alternativkostnaderna för elkraft – som ges av marginalkostnaden för den marginella produktionsanläggningen, av den marginella värderingen av en konsument som har minskat sin förbrukning till följd av höga priser eller av värdet på den el som konsumenter går miste om på grund av strömavbrott – så kommer en investering som är lönsam privat också att vara samhällsekonomiskt önskvärd. Om investeringen inte är samhällsekonomiskt önskvärd kommer den inte att vara privatekonomiskt lönsam. Med andra ord, med de rätta priserna ger en avreglerad marknad incitament att bygga den rätta kapacitetsnivån. Nord Pool är en öppen och likvid marknad, där det finns all anledning att tro att priserna motsvarar den verkliga marginalkostnaden för elkraft.

Den verkliga världen är dock naturligtvis en osäker plats. Att bygga ett kraftverk innebär avsevärda kostnader som inte går att återvinna om verket stängs före sin fulla livslängd (sunk costs). Om ett kraftverk byggdes så snart marknadsvillkoren tydde på att den skulle vara lönsam, och förbrukningen sedan föll och drog med sig priserna ner, skulle investerarna göra en förlust. De gör därför klokt i att vänta med sina åtaganden tills investeringsvillkoren är ännu mer gynnsamma. Även då skulle det kunna vara en ännu större vinst med att vänta ytterligare, i fall en nedgång skulle vara nära förestående, men det kommer man att bortse ifrån på grund av de vinster som man skulle gå miste om genom att inte bygga anläggningen med en gång. För realistiska nivåer på den osäkerhet som finns på förväntad förbrukning kan det pris som krävs för att sätta igång investeringar ligga en rejäl bit över den nivå vid vilken den förväntas vara lönsam (Dixit och Pindyck, 1994). Detta är emellertid *inte* ett problem som beror på marknaden, eftersom det även är samhällsekonomiskt optimalt att senarelägga en irreversibel investering vid osäkerhet, för att minska risken att bygga en onödig kraftstation. Med andra ord, ekonomisk teori förutsäger att en väl fungerande konkurrensmarknad bör skapa rätt investeringsnivå, även med hänsyn till osäkerhet inför framtiden.

## Investeringar i praktiken

Ekonomisk teori kan förutsäga att en avreglerad elmarknad leder till rätt investeringsnivå, men vad har hänt i praktiken? Figurerna nedan visar vad som hänt med investeringar och kapacitetsmarginalen i Sverige, Norge och Finland under de senaste tio åren. För att minska vädervariationernas påverkan visas för vart och ett av länderna relationen till ett treårigt glidande medelvärde för toppförbrukningen i systemet.

Den översta linjen visar kapacitetsmarginalen, som är lika med (den totala) produktionskapaciteten minus toppförbrukningen, dividerad med toppförbrukningen. Den mellersta linjen visar bruttoinvesteringarna i nya anläggningar, återigen som andel av toppförbrukningen. Den nedre kurvan visar nettoinvesteringarna, där nedlagda anläggningar dragits av från bruttoinvesteringsnivån.

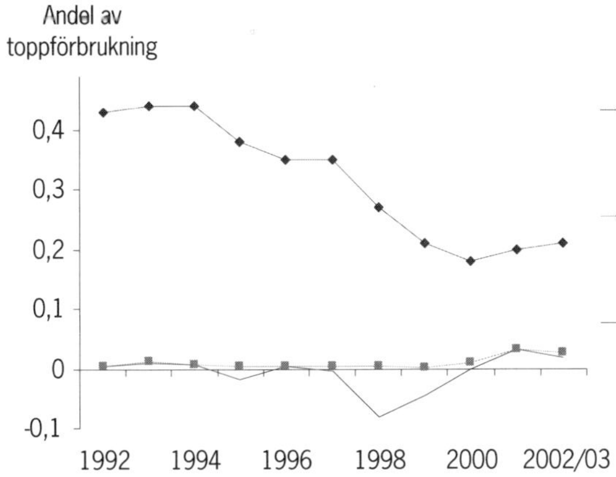


Källa: Nordel.

FIGUR 4.2. Investeringar i Sverige.

Kapacitetsmarginalen har fallit kraftigt i Sverige efter avregleringen. Det gjordes mycket få investeringar under 1990-talet, och kapacitet motsvarande över 12 procent av toppförbrukningen lades ned under 1998 och 1999. Kapacitetsmarginalen föll med 17 procentenheter under tiden 1996 till 2000, eftersom efterfrågan också steg under den perioden. Marginalen steg igen efter 2000, huvudsakligen eftersom Svenska Kraftnät upphandlade kapacitet att placera i en särskild reserv.

Betydelsen av denna reserv framgår av tabell 4.1, som visar nettoinvesteringarna i anläggningar av olika slag under varje år från och med 1997. Noteras kan att det under vissa år förekom att en viss typ av anläggningar både öppnades och stängdes. I många fall förändrades effektkapaciteten vid ett vattenkraftverk, men utan att dess energikapacitet påverkades, vilket tyder på att det inte fanns någon (betydande) förändring av dammarna och att det (i de fall det rörde sig om en kapacitetsminskning) fanns andra generatorer som förblev tillgängliga vid dessa anläggningar. Den undre raden för åren 2001, 2002 och 2003 visar hur stor del av den tillkommande kapaciteten från kondenskraftverk och gasturbiner som berodde på att anläggningar åter togs i bruk och fördes till kapacitetsreserven: 85 procent av kondenskraftverken och 102 procent av nettoförändringen av gasturbinan-

TABELL 4.1. Nettoförändringar av produktionsskapaciteten i Sverige (MW).

| | *Vind-kraft* | *Vatten-kraft* | *Kraft-värme* | *Kärn-kraft* | *Kondens-kraft* | *Gas-turbiner* | *Totalt* |
|---|---|---|---|---|---|---|---|
| 1997 | 17 | 43 | -110 | 1 | -65 | 0 | -114 |
| 1998 | 53 | -42 | -43 | -4 | -1 931 | -82 | -2 049 |
| 1999 | 41 | -12 | 2 | -600 | -394 | -146 | -1 109 |
| 2000 | 26 | 37 | 107 | -13 | -4 | -144 | 9 |
| 2001 | 52 | 39 | 73 | -3 | 575 | 120 | 856 |
| | | | | | *varav reserv:* | | |
| | | | | | 575 | 120 | 695 |
| 2002 | 46 | -142 | 150 | -12 | 333 | 138 | 513 |
| | | | | | *varav reserv:* | | |
| | | | | | 332 | 146 | 478 |
| 2003 | 60 | 46 | 103 | 23 | 752 | 120 | 1 104 |
| | | | | | *varav reserv:* | | |
| | | | | | 510 | 120 | 630 |
| Totalt | 295 | -31 | 282 | -608 | -734 | 6 | -790 |
| | | | | | *varav reserv:* | | |
| | | | | | 1 417 | 386 | 1 803 |

Källa: Nordel, årlig statistik.

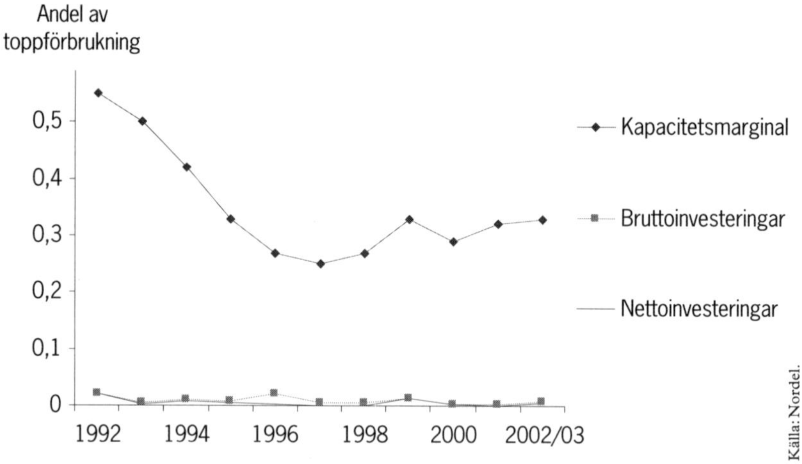


Källa: Nordel.

FIGUR 4.3. Investeringar i Norge.

läggningarna (medräknat en minskning med 8 MW på andra ställen i systemet). Sammantaget minskade kapaciteten med 790 MW under perioden, men den skulle ha minskat med 2 593 MW om anläggningar i den strategiska reserven inte på nytt tagits i bruk (och om inga andra åtgärder vidtagits).

Norge har haft väldigt få investeringar sedan 1992 och kapacitetsmarginalen minskade dramatiskt fram till 1997, innan den började stiga successivt. Detta har varit resultatet av en minskande toppförbrukning, snarare än en betydande ökning av kapacitetsnivån. Notera att nästan hela Norges kapacitet utgörs av vattenkraft, och samtidigt som kurvan visar effektkapaciteten är landets bindande begränsning att man behöver kunna lagra tillräckligt mycket vatten för att möta elförbrukningen under hela året. Det är därför inte särskilt förvånande att Norge har mer ledig kapacitet än Sverige, med dess blandning av energikällor.

Finland hade betydande investeringar i början och slutet av 1990-talet, vilket höll dess kapacitetsmarginal stabil under större delen av decenniet. Det har emellertid gjorts få investeringar sedan 2000, så kapacitetsmarginalen har minskat även där. Finland är emellertid ett av de få europeiska länder som för närvarande investerar i kärnkraft, genom att TVO bygger en reaktor på 1 600 MW, som blir landets femte,

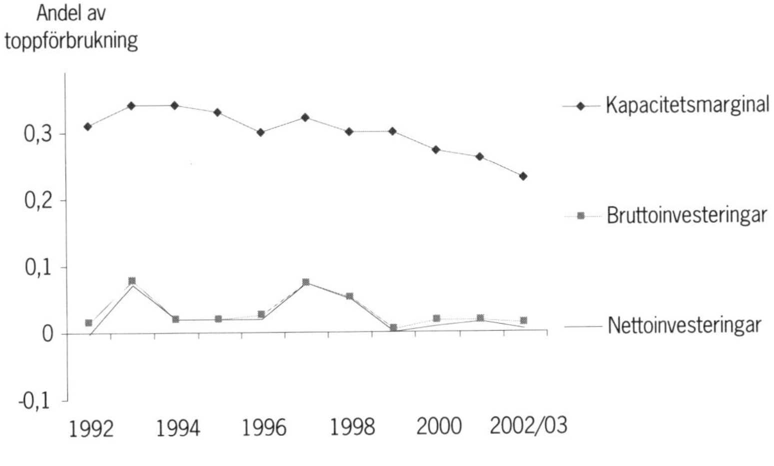


Källa: Nordel.

FIGUR 4.4. Investeringar i Finland.

och som kommer att utöka kapacitetsmarginalen med drygt 10 procentenheter, om det inte sker några nedläggningar på andra håll.

Finns det anledning att känna oro över dessa minskande marginaler? Frågan kan delvis besvaras genom att påpeka att lägre kapacitetsmarginaler nästan var ett *syfte* med avregleringen, som var utformad så att ett system som ursprungligen byggde på självförsörjning både i företag och på nationell nivå ersattes av ett som bygger på internationell handel. Under elektricitetens första tid var varje företag tvunget att klara hela efterfrågan med egna resurser och de var därför tvungna att hålla sig med en lämplig kapacitetsreserv. I takt med att branschen växte blev företagen sammanlänkade och kunde ha gemensamma reserver. Eftersom många tänkbara chocker på elanvändning och leverantörssäkerhet inte är korrelerade, är variationerna i två systems kapacitetsmarginaler, sammantagna, lägre än summan av enskilda variationer i två separata system. Detta innebär att det gemensamma systemet kan drivas med en lägre kapacitetsreserv och ändå löpa mindre risk för elavbrott. Längre fram byggdes överföringsledningar mellan länder. Och även dessa förbindelser kan minska variationerna i kapacitetsmarginaler i relation till den totala efterfrågan i det kombinerade systemet, och därmed är nivån på den kapacitetsreserv som krävs för att ge en viss tillförlitlighet lägre.

Minskningen i reservkapacitet som uppnås genom delade reserver är möjlig även om landet (eller företaget) normalt producerar all elektricitet själv. Ytterligare minskningar av reservkapaciteten kan emellertid vara ett resultat av handel. Särskilt när de sammankopplade länderna befinner sig i olika tidszoner, eller bara har olika traditioner i fråga om när man äter (eller arbetstider), så inträffar deras toppförbrukning vid olika tidpunkter. Det kan också finnas systematiska väderskillnader som öppnar för handelsmöjligheter.[1] I stället för att varje land bygger kapacitet som bara kommer till användning under sina egna toppar, kan två länder importera en del under sina egna toppar och exportera under det andra landets toppar. Handeln kan alltså vara balanserad under loppet av ett typiskt dygn (och år), men det innebär ytterligare minskningar av relationen mellan kapacitet och toppförbrukning. En annan besparing, som är mer hänförlig till Nord Pool, uppkommer genom att värme- och vattenkraftkapacitet kombineras. Marginalkostnaden för värmekraft varierar mycket mer mellan olika anläggningar, och därmed med nivån på förbrukningen, än vad marginalkostnaden för vattenkraftverk gör (vilket beror på den allmänna vattennivån i magasinen). Detta innebär att ett vattenkraftsystem kan exportera kraft under perioder med toppförbrukning (och spara dyr värmekraftproduktion) och importera vid låg förbrukning (när billigare värmekraft kan användas i stället för bristvaran vatten). Återigen kan alltså handeln vara balanserad under loppet av ett dygn, samtidigt som mindre sammanlagd kapacitet behövs. Det kan också finnas handelsmönster som varierar från år till år, men som ändå kan förväntas vara balanserad – det vattenkraftbaserade systemet blir nettoexportör när det finns gott om vatten, men kommer att importera under torrår. Ännu en gång, detta slags beteende minskar de nödvändiga reserverna.

Avreglering kan emellertid leda till obalanserad handel – om ett land har relativt sett mindre kapacitet som kan producera till låg kostnad, jämfört med dess förbrukning, kommer landet att bli nettoimportör. Ett sådant land kan därmed komma att vilja ha mindre kapacitet, jämfört med förbrukningen, än före avregleringen eftersom det uppmuntrats att importera kraft – förutsatt att det litar tillräckligt mycket på att tillförsel kommer att finnas där, när så krävs. Ett annat land kan emellertid komma att bli en nettoexportör, vilket skulle tendera att öka dess egen kapacitetsmarginal. Eftersom Norge, Sverige och Finland *alla* har minskat sin kapacitetsmarginal efter avregleringen verkar det inte troligt att tillit till förväntad nettoimport är en hållbar anledning till minskade kapacitetsmarginaler. De andra vinsterna med handel mellan system är emellertid fortfarande tillräckliga för att möjliggöra en betydande minskning av de reserver som behöver hållas.

En annan potentiell vinst med avreglering kan komma från konsumenternas reaktion på höga priser. Tidigare i detta kapitel definierades behovet av produktionskapacitet som härlett ur önskan att producera elektricitet som konsumenterna var beredda att betala. I det traditionella systemet fick så gott som alla konsumenter hålla till godo med priser som byggde på genomsnittskostnaden på el, och det fanns få signaler om att elpriset skulle vara särskilt dyrt vid vissa tider. Avregleringen tillåter elleverantörer att skicka mer precisa signaler om kostnader för elproduktion, åtminstone till de konsumenter som har de nödvändiga mätarna. I Sverige, och framför allt Norge, har emellertid många bostäder elvärme och får därför stora elräkningar.

Det är ofta möjligt att ändra tidpunkten för när en värmepanna är påslagen, och undvika tider med hög belastning, utan större omak. I framtiden kan det bli möjligt att till en rimlig kostnad installera teknik för tvåvägskommunikation som skulle möjliggöra sådana skiften vid toppbelastning utan ett aktivt agerande från konsumentens sida. Detta skulle öppna för en betydande minskning av behovet av toppkapacitet.

Stora industrikunder, med energiintensiva processer som tillåter viss flexibilitet i deras elanvändning kan emellertid bli ideala kunder för efterfrågeanpassning. De mängder det handlar om är så stora att de klart uppväger transaktionskostnaderna, och kunderna har tillräckligt mycket att vinna på att lära sig anpassa sig till varierande elpriser. Om kundernas produktionsprocesser är tillräckligt flexibla kan de minska sin elförbrukning vid tidpunkter med höga priser, och besparingarna i energikostnader uppväger kostnaderna för att lägga om produktionen. Efterfrågeanpassning blir därmed ett alternativt sätt att handskas med brist på (effekt)kapacitet, och reservmarginalen i form av kraftverk kan tryggt minskas. På liknande sätt kan minskad förbrukning, som reaktion på långvariga perioder med höga priser, vara ett lämpligt sätt att reagera på bristande lagring i ett vattenkraftbaserat system, även om detta troligen kommer att ske på bekostnad av minskad, snarare än omlagd, produktion för industriföretaget. Medan industriföretaget kommer att beklaga produktionsbortfallet under ett torrår, kan dess förväntade vinst bli högre om det kan använda lägre priser under ett år med stor nederbörd och minska sina förluster under ett torrår, än om det helt enkelt betalade det genomsnittliga elpriset under alla år och elsektorn tvingades finansiera en större kapacitetsmarginal.

Samtidigt som det efter avregleringen finns anledning att förvänta sig lägre kapacitetsmarginaler, finns det också faktorer som kan leda till för låga investeringar. Om dessa uppträder i praktiken kan de fallande kapacitetsmarginalerna, som vi konstaterat, bli ett problem. För det första kanske inte marknadsregler tillåter priserna att återspegla det rätta värdet på el, och därmed på produktionskapacitet, vid bristsituationer. Priserna på Nord Pool sätts med hjälp av skärningspunkten mellan utbuds- och efterfrågekurvor, och marknaden är i allmänhet en marknad med god konkurrens, så det bör i princip inte vara något problem. Men om inte efterfrågan reagerar på priserna, så kan både efterfråge- och utbudskurvan bli vertikala vid toppbelastning, och det uppstår kanske inte någon ren marknadsjämvikt.

För det andra kan producenter tro att politiker kommer att åsidosätta marknadsregler om det uppstår utdragna perioder med höga priser. Eftersom få politiker är benägna att vidta åtgärder som höjer elpriserna skapar detta en asymmetrisk risk för producenter – i perioder med överskottskapacitet riskerar de förluster, medan deras vinster under perioder med kapacitetsbrist riskerar att begränsas. De senaste erfarenheterna på Nord Pool, då den torra vintern 2002/03 skapade höga priser, ledde emellertid inte till några politiska ingripanden, vilket troligen kommer att lugna investerare i Sverige. Denna återhållsamhet kan ha underlättats av förekomsten av Svenska Kraftnäts kapacitetsreserv, som hjälpte till att hålla nere priserna vid toppbelastning. Om efterfrågan inte är tillräckligt priskänslig, så kommer priset att sättas av producenternas bud. När det råder brist på el kan dessa bud förefalla extremt höga, och sårbara för politiska ingripanden, eftersom ingenting verkar kunna hålla dem nere. Reservkraftverken kom tidigare med kostnadsbaserade bud (även om det var dubbelt så mycket som den beräknade marginalkostnaden) vilket satte taket för toppbelastningspriset på en mer acceptabel nivå. Detta har emellertid förändrats, vilket redogörs för nedan.

Elproducenter kan troligen anses vara riskovilliga och tveksamma till att hålla anläggningar tillgängliga, bara för att dess förväntade inkomster uppgår till lika mycket som dess förväntade kostnader, om dessa inkomster baseras på mycket små summor under nio år och höga priser under det tionde. De måste kunna säkra sina intäkter om de vill hålla en anläggning tillgänglig. I den utsträckning som kapacitetsmarginalen för nästa år beror på beslut att lägga ned anläggningar, eftersom det nu är för sent att börja bygga en ny anläggning som kan vara i bruk då, och kontrakt som kan säkra intäkterna ett år i förväg finns tillgängliga på rimligt likvida marknader, behöver detta inte vara något problem. Leverantörer kan däremot frestas att »underförsäkra« sig genom att köpa färre kontrakt än sitt förväntade behov, vilket leder till att det i vissa fall finns en del elproducenter som inte hittar någon motpart. Samtliga nordiska länder har reagerat på det här problemet genom att kräva av sina systemoperatörer att de ska teckna kontrakt om kapacitetsreserver (Nordel, 2002a).

Som nämnts tidigare har Svenska Kraftnät upphandlat en kapacitetsreserv, som ska användas när det inte finns tillräcklig kapacitet för att möta förbrukningen. Detta började 2001, när företaget kontrakterade reserver på 1 000 MW följt av ytterligare 400–600 MW. Detta program var tidsbegränsat till mars 2003, men ett andra program har trätt i kraft från juli 2003, där Svenska Kraftnät upphandlar reserver på upp till 2 000 MW, inklusive några gasturbiner som ägs av ett dotterbolag. Dessa turbiner var nödvändiga under vattenbristen i januari 2003, vilket visar att programmet är en värdefull del av den avreglerade marknaden. Återigen, av-reglering är i själva verket om-reglering. Programmet är emellertid bara temporärt och en permanent lösning behövs från 2008.

Ursprungligen var el från anläggningarna i kapacitetsreserven prissatt till dubbla marginalkostnaden, men det finns en plan för att öka påslaget över tiden.[2] För närvarande, när det läggs bud på användandet av reservkraft används ett fiktivt budpris på 5 000 kronor per MWh, plus den rörliga kostnaden.[3]

Vilket är det bästa sättet att få till stånd en kapacitetsreserv? Om Svenska Kraftnät får ett permanent ansvar, kommer det då att »tränga ut« investeringar som annars skulle ha gjorts på marknaden? Ett problem med att upphandla en kapacitetsreserv är att om den används av marknadsaktörerna till ett för lågt pris, kommer den att försvaga incitamenten för andra investeringar. Under tidens gång kommer en allt större andel av kapaciteten att behöva komma från kapacitetsreserven. Svenska Kraftnäts plan på att öka priset för användning av reserven innebär att det finns mindre anledning till oro för detta, eftersom incitamenten att inte använda reserven kommer att bli mycket starka. Med ett pris på 15 000 kronor per MWh plus marginalkostnaden, som är föreslaget för 2007/08 kommer det att bli mycket dyrt för den som behöver köpa till det priset. Incitamenten att hålla egna reserver, eller ha kontrakt på reserver, kommer därför att bli starka. Detta kan emellertid innebära att resurser läggs på en reserv som i praktiken aldrig kommer till användning.

En del liberaliserade marknader, särskilt i USA, har decentraliserat ansvaret för att tillhandahålla reserver, genom krav på alla elleverantörer att hålla en installerad kapacitet (ofta förkortat ICAP) motsvarande deras förväntade effektuttag plus en viss marginal. Kapacitetscertifikat kan sedan bli föremål för handel på en ICAP-marknad. Även om det finns en marknad beror det nödvändiga antalet certifikat på administrativa beslut om nivån på marginalen. Andra system överlåter åt marknaden att bestämma kapacitetsvolymen, men måste då bestämma ett pris, eller i de flesta fall en prisregel som relaterar priset till den nivå på reserverna som uppnås. Återigen ingår ett administrativt beslut, med den ytterligare faran att om kapacitetsvolymen är känslig för prisregeln kan risken för strömavbrott öka på ett oacceptabelt vis.

En mer priskänslig efterfrågesida kan tillåta priser att stiga på ett mer politiskt acceptabelt sätt, eftersom priserna helt klart kommer att sättas på en tvåsidig marknad. Om förbrukningen blir tillräckligt anpassningsbar kan den till och med få bort behovet av en kapacitetsreserv.

Ett mer grundläggande problem kan vara behovet att fatta långsiktiga investeringsbeslut på basis av kortsiktiga marknadspriser. Nyare kraftverk kan hålla i tjugo år eller mer – ofta mycket längre. De »framtidspriser« (forward/futures-kontrakt) som sätts på råkraftmarknader sträcker sig bara några få år fram i tiden. Leverantörer kan vara villiga att teckna längre kontrakt, men om en effektiv konkurrens uppstår på slutkundmarknaden står de inför risken att deras kontrakt gör dem »strandsatta«, om råkraftpriserna faller och deras kunder börjar handla från andra leverantörer (Newbery, 2002) Om man emellertid ser längre framåt i tiden beror kapacitetsmarginalen på nya investeringar, och avsaknaden av långsiktiga kontrakt gör investeringar på en liberaliserad marknad mindre lockande.

Slutligen finns en risk för att befintliga producenter har sådan makt över marknaden att det kan vara i deras eget intresse att se till att det råder en viss kapacitetsbrist, vilket leder till högre priser. Detta skulle inte vara något problem om andra företag lätt kunde etablera sig i branschen, för då skulle de existerande producenterna kunna inse att deras val stod mellan att antingen utöka den egna kapaciteten och ha en stor marknadsandel på en konkurrensutsatt marknad, eller åse hur andra företag etablerade sig, och därmed få en mindre del av marknaden. Om det däremot finns barriärer som hindrar marknadsinträde kan vi räkna med att etablerade företag har incitament att se till så att det finns för lite kapacitet. Om de driver saken för långt kommer de naturligtvis att råka ut för bakslag, så det är en balansakt på slak lina.

## Slutsatser om investeringar i kraftproduktion

Vi har visat att den rätta uppsättningen marknadsregler bör ge elproducenter incitament att bygga den samhällsekonomiskt optimala kapacitetsnivån. Efter avregleringen har kapacitetsmarginalerna fallit i Sverige, och det har varit nödvändigt för systemoperatören att teckna kontrakt på ytterligare reserver. Utan denna extra kapacitet skulle det nordiska energisystemet ha kunnat stå inför ännu större problem under den extrema vintern 2002/03.

Frågan är vad som bör ersätta Svenska Kraftnäts kontrakt, eller om de bör permanentas. Vi skulle föredra en fortsatt utveckling av efterfrågesidans priskänslighet. Om tillräckligt många kunder är villiga att minska elförbrukningen som en reaktion på höga priser, så bör det vara säkert att tillåta marknaden att sätta dessa höga priser vid de tillfällen då förbrukningen ligger nära kapacitetstaket. Detta behöver inte innebära att dessa kunder betalar ett högt *genomsnittligt* pris för sin el vid dessa tillfällen, eftersom det är möjligt att säkra sig genom att ingå kontrakt som låser det pris som betalas för huvuddelen av deras elförbrukning. Poängen är att genom att minska förbrukningen i relation till den mängd de har säkrat, så kan kunderna fortfarande spara pengar. Detta skulle kapa den toppförbrukning som måste mötas, samtidigt som man skapar tilltro till att det pris som satts vid dessa tillfällen är rimligt. Systemoperatören kan fortfarande behöva se till så att reserver är tillgängliga på en daglig basis, men marknadspriser, särskilt om de kan prissäkras, kan ge lämpliga incitament att se till så att det finns kapacitet som täcker förbrukningstoppar.

NOTER

1. Slumpmässiga skillnader i väder, som medför att ett land kan ha en kall dag (och hög förbrukning) när ett annat har en varm dag (och låg förbrukning) är en faktor som bidrar till den minskade variationen i sammanslagna system, vilket diskuterades i textavsnittet ovan.
2. Under 2003/04 var påslaget 3 000 kronor per MWh, under 2004/05 5 000 kronor per MWh och enligt planen ska detta påslag öka till 8 000 kronor per MWh under 2005/06, 11 000 per MWh under 2006/07 och 15 000 kronor per MWh under 2007/08.
3. I själva verket används det högsta av antingen detta pris eller balansgrundpriset. Balansgrundpriset är ett referenspris som sätts för att motsvara spotpriset inom det svenska prisområdet.

# 5. Internationell handel med el

De nordiska länderna har handlat med elektricitet sinsemellan under många år, men omfattningen på den internationella handeln har ökat avsevärt på senare tid. Detta beror till stor del på avregleringen. För det första har ett antal gränsavgifter, som fungerade som handelshinder tagits bort. För det andra, och viktigare, har länderna gått samman i Nord Pool, där handelsflöden automatiskt bestäms på basis av relativa kostnader (eller snarare budpriser) och efterfrågenivåer.

I teorin kan vi identifiera ett antal typer av internationell handel med el, även om det vore osannolikt att det skulle gå att hålla isär dem i praktiken. Låt oss för det första se på en enkel försäljning av el – om producenter i Sverige kan erbjuda billigare kraft än de i Norge, och konsumenter är villiga att betala det begärda priset, så kommer Sverige att exportera kraft till Norge. För det andra finns det transitflöden. Om Danmark ska exportera kraft till Finland måste merparten passera genom Sverige, men elnätens fysikaliska egenskaper är sådana att även när två system har direktförbindelse kan en del av den kraft som flödar mellan dem färdas genom andra länders nät.

Det tredje slaget av handel innehåller ett utbyte mellan olika tider. Svenska producenter kan exempelvis ha lägre kostnader än danska producenter under en tidsperiod, och då exportera kraft till Danmark, men Sverige kommer att importera kraft under andra perioder, när Danmark har lägre kostnader. Detta kan bero på variationer i tidpunkter för förbrukningstoppar, eller underhåll av kraftverk, men den största anledningen till den här typen av handel mellan de nordiska länderna är kombinationen av vatten- och värmekraftverk. I Sverige (och Norge) varierar inte marginalkostnaden på kraft mellan en lång räcka av efterfrågenivåer eftersom det fastställs av värdet på vatten i vattenkraftverk. I Danmark (och Finland) ökar marginalkostnaden betydligt när förbrukningen ökar och mindre effektiva värmekraftverk successivt måste tas i bruk. Detta innebär att det är lönsamt för

Sverige att exportera till Danmark under toppbelastningstidpunkter och att importera från Danmark vid andra tidpunkter. En variant av denna slags handel kommer sig av variationer i nederbörd. Under vissa år har Sverige stor nederbörd, reservoarerna fylls och alternativkostnaden för vattenkraft blir låg. Under dessa år är det naturligt att bli en nettoexportör och sälja kraft till ett pris som är högre än alternativkostnaden. Under andra år är nederbörden liten och alternativkostnaden för vattenkraftproduktion hög, vilket gör Sverige till nettoimportör.

Figur 5.1 visar bruttohandeln med el – genomsnittet för export och import – dividerat med elförbrukningen i Sverige, Norge och Finland. Danmarks handel följer ett liknande mönster, men på en något högre nivå, och om vi tagit med det i figuren skulle de svenska resultaten ha skymts. Det finns en tydlig uppåtgående trend från tidigt 1980-tal fram till i dag. Notera att mycket höga handelsnivåer uppnåddes 1989 och 1990, innan något land i regionen liberaliserat. Dessa stora flöden har ett samband med de exceptionella nederbördsmängderna under dessa år, som gav Norge och Sverige ovanligt stora överskott av vattenkraft för export. Detta visar tydligt att liberalisering inte krävdes för att internationell handel skulle kunna äga rum, men Sveriges

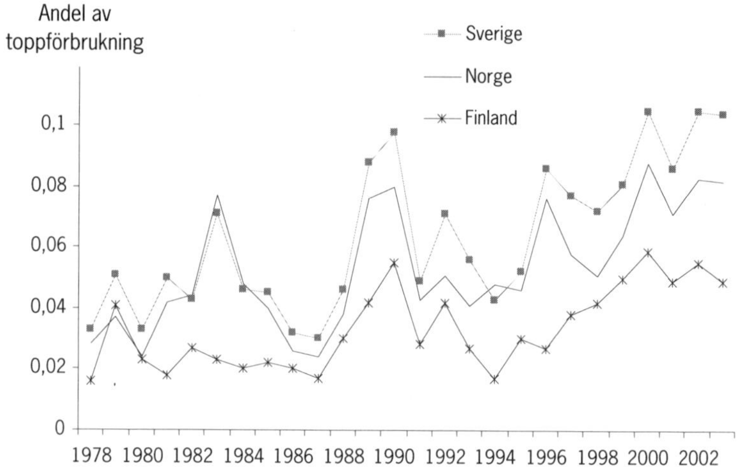


Källa: Egna beräkningar utifrån data från Nordel.

FIGUR 5.1. Bruttohandel (i relation till förbrukning) med el.

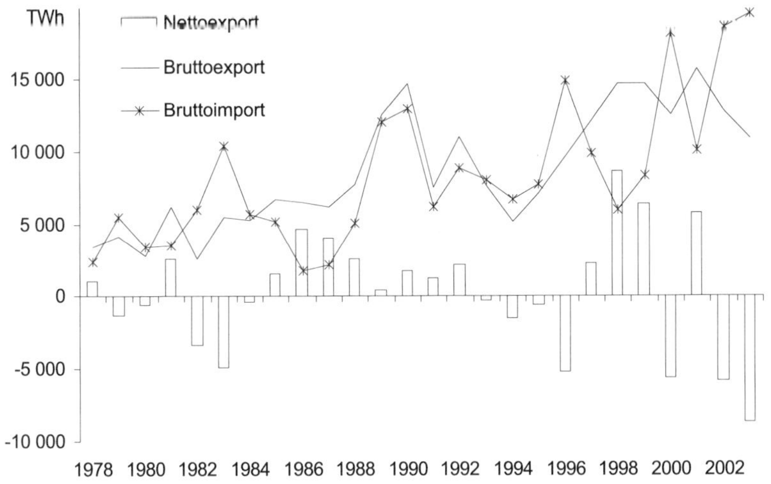


Källa: Egna beräkningar utifrån data från Nordel.

FIGUR 5.2. Svensk handel med elektricitet.

handel har helt klart ökat, med ungefär 50 procent, sedan den svenska avregleringen.

Genom att figur 5.1 ger information om bruttohandel är det enkelt att räkna ut nettoexport eller nettoimport för respektive land, se figur 5.2.

Svensk handel med el har helt klart ökat över tiden. Under de första åren av 1990-talet förändrades export och import på liknande sätt, med mycket mindre förändring av nettohandelspositionen, vilket antyder att Sverige agerade som transportör för handel mellan de andra nordiska länderna. Efter avregleringen har Sverige upplevt en mycket större och mer växlande nettohandel. Medan skillnaderna mellan de två tidsserierna vanligen svänger mer än endera av dessa serier, är det värt att notera att import förefaller att ha varierat mer än export under större delen av tiden efter avregleringen, och därmed att ha »drivit fram« mönstren i nettoexporten.

Ett annat sätt att hantera handelsdata är att beräkna det absoluta värdet på det lägsta av export eller import, eftersom detta representerar kraft som importerats till Sverige under en period, endast i avsikt att exporteras till antingen ett annat land under samma period eller till ursprungslandet under en annan period. Det representerar där-

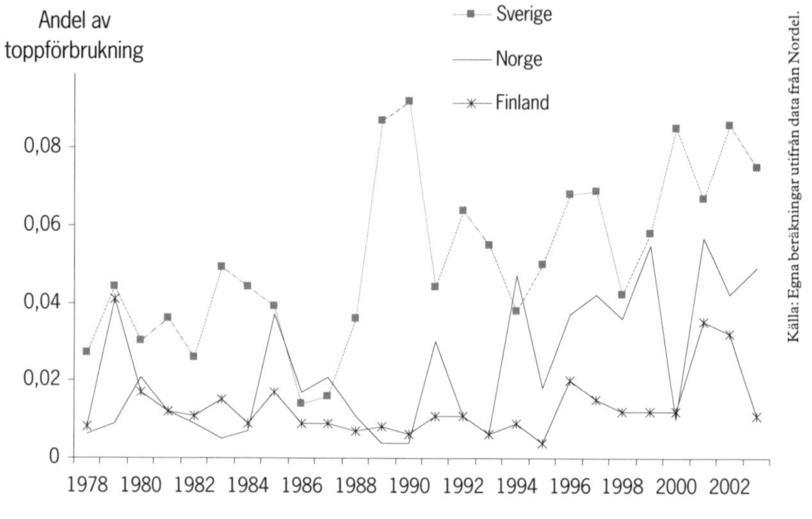


FIGUR 5.3. Cyklisk handel och transithandel (i relation till förbrukning) med el.

med i hög grad den andra och tredje typen av handel, som diskuterades ovan. (Det visar dock inte utbytet över tiden mellan vatten- och värmekraftverksystem, som beror på de årliga regnmängderna.) Figur 5.3 visar därför nivån på dessa cykliska utbyten och transitflöden till tredje land.

Dessa flöden förefaller återigen att vara högre efter avregleringen än före, även om de större kvantiteter av norsk el som transiterades genom Sverige under (i synnerhet) 1989 och 1990 delvis fördunklar mönstret.

Vad kan vi dra för slutsatser av dessa handelsflöden? För det första att Sveriges handel har fått nästan exakt balans mellan export och import, om man ser på perioden efter avregleringen i dess helhet. För det andra att nederbördsmängden har stor betydelse för flödena. För det tredje har de ökade flödena påverkat produktionsnivåerna i Sverige, och vi beräknar dessa effekter i vår kostnads–intäktsanalys senare i boken. Innan vi kommer dit vill vi ta upp ett antal specifika policyfrågor med anknytning till elmarknaden och dess avreglering.

# 6. Nätreglering

Reformeringen av elnätens reglering förändrar antagligen tillvaron för elmarknadens aktörer lika mycket som förändringarna i de avreglerade delarna av elmarknaden. Processen med förändringar i nätregleringen är dock långt ifrån avslutad.

Elnäten anses vanligen vara naturliga monopol. Detta betyder att det, beroende på kostnadsstrukturen, inte är möjligt eller åtminstone inte lönsamt att ha konkurrerande nät. Vid tiden för avregleringen behölls således elnäten som legala monopol, där priser och tillträdesvillkor var föremål för sektorspecifik reglering.

Sverige införde tidigt modellen med reglerat tredjepartstillträde till näten, vilket innebär att nätföretagen måste ge lika tillträde till näten för alla konkurrenter.[1] Dessutom skulle nätverksamheten organiseras i separata bolag, även om inga restriktioner inledningsvis sattes upp beträffande ägande och andra organisatoriska aspekter. Det sistnämnda håller nu på att förändras i samband med att EU:s nya elmarknadsdirektiv implementeras, vilket kräver skilda vd:ar och styrelser om nätbolaget har fler än 100 000 kunder.

Reglering av monopol bör helst uppnå flera mål. För det första bör regleringen se till att monopolföretaget inte kan utöva monopolmakt och ta ut för höga priser. För det andra ska regleringen ge lämpliga incitament för effektivitet på kort och lång sikt. För det tredje ska reglering ge incitament för företag att tillhandahålla rätt kvalitetsnivå, och för det fjärde, ska den ge incitament så att de rätta investeringarna genomförs. I praktiken finns det motsättningar mellan flera av dessa mål, vilket gör utformningen av regleringar till en ganska komplicerad fråga.

## Optimal nätreglering

Med hänsyn till att det finns flera mål som står i konflikt med varandra är det ingen lätt sak att utforma en optimal reglering av elnät. Den ekonomiska litteraturen om reglering är omfattande, och det är varken möjligt eller lämpligt att göra en omfattande genomgång av den här, men vi kommer att ta upp några viktiga aspekter som den behandlar, för att skapa en grund för diskussionen om den svenska nätregleringen.[2]

Regleringsmyndigheten står vanligen inför både ett problem med *icke observerbara handlingar (*s.k. *moral hazard)* och ett problem med *icke observerbara karaktäristika.* Problemet med icke observerbara handlingar är att den som utövar tillsyn inte känner till nivån på de ansträngningar som de reglerade företagen lägger ner på kostnadsreducerande verksamhet, eller dess ansträngningar att erbjuda god kvalitet. Problemet med icke observerbara karaktäristika uppträder när det reglerade företaget har mer information än tillsynsmyndigheten om utmärkande drag för företaget eller dess verksamhet. Företaget kan exempelvis vara bättre informerat om kostnaderna för att tillhandahålla tjänster i ett visst område och hur denna tjänst bäst tillhandahålls. Ett område kan vara mer eller mindre dyrt att betjäna och det är inte självklart att det alltid är möjligt för en utomstående att fastställa vilket som är fallet, och det kan vara ännu svårare att visa det i domstolsförhandlingar. Det kan därmed vara problematiskt för regleringsmyndigheten att fastställa den rätta prisnivån.

All slag av ekonomisk reglering innefattar regler om kostnadsersättning, dvs. hur kostnadsfördelningen mellan företaget och konsumenterna ska vara. Med traditionell kostnadsreglering tillåts företaget övervältra alla sina kostnader plus en rimlig avkastning på konsumenterna.[3] Det främsta problemet med en sådan reglering är att incitamenten för företaget att bli mer effektivt är mycket svaga, eller till och med obefintliga. Av den anledningen har andra regleringsregimer tagits fram, med andra regler för kostnadsersättning. Dessa benämns vanligen incitamentsreglering. Den mest extrema varianten är en pristaksreglering, där det införs ett pristak som bestämmer det maxpris som företaget får ta ut. Kostnadsförändringar i verksamheten kommer inte att förändra det pris som företaget tillåts ta ut, vilket skapar starka incitament för kostnadsreducering.[4]

Graden av kostnadsdelning benämns ofta som styrkan i incitamentsregleringen. Ju större andel av en kostnadsförändring som måste bäras av det reglerade företaget, desto starkare är incitamentsregleringen. Traditionell kostnadsreglering har därför liten styrka, medan pristaksreglering innebär en mycket kraftfull reglering.

Det första problemet är att regleringsmyndigheten inte har förmåga att bedöma den faktiska kostnaden för att tillhandahålla en tjänst i ett visst område.[5] Samtidigt måste det pris som företaget tillåts ta ut vara tillräckligt högt för att även ett företag med höga, faktiska kostnader, ska kunna verka. Ett företag som betjänar ett lågkostnadsområde kan låtsas att området är ett högkostnadsområde (inom vissa gränser, naturligtvis). I praktiken innebär det att det företag som är verksamt i ett lågkostnadsområde tillåts få en »informationsränta«. Dessutom vill regleringsmyndigheten få företaget att bli effektivt, men det är också kostsamt. Den optimala regleringen måste därför kunna balansera mellan att stimulera till effektivitet och inte ge för hög avkastning till ett företag som är verksamt i ett lågkostnadsområde. Det generella analysresultatet är att den optimala regleringen innebär att en effektiv ansträngningsnivå för att minska kostnaderna uppnås hos lågkostnadsföretag och att det får en viss informationsränta, medan högkostnadsföretaget har för låg ansträngning, och inte får någon informationsränta. Att få högkostnadsföretaget att åstadkomma en effektiv kostnadsminskning skulle samtidigt innebära att lågkostnadsföretaget fick ännu större informationsränta. De viktigaste ekonomiska slutsatserna är därför att asymmetrisk information gör det möjligt för en del reglerade företag att tjäna en extra informationsränta, och att det minskar kraften i incitamentsregleringen, vilket minskar företagens ansträngningar att minska sina kostnader. Ett sätt att minska informationsasymmetrierna är att tillämpa måttstockskonkurrens, dvs. att jämföra ett företags prestation med andra företag som befinner sig i samma situation.

Ett annat tillvägagångssätt, vilket uppmärksammats allt mer på senare tid, är prestationsbaserad reglering. Syftet är att skapa substitut för marknadskonkurrens. Företagets intäkter ska därför vara beroende av företagets produktion, och inte vara kopplade till företagets faktiska kostnader. Rätt utformad ska prestationsbaserad reglering ge företaget de rätta incitamenten till kostnadseffektivitet, samtidigt som incitamenten att investera och erbjuda kvalitet bibehålls. Den svenska Nätnyttomodellen är ett exempel på prestationsbaserad reglering.

## Reglering och investering

Inom regleringsteorin finns det två möjliga synsätt vid val av rimlig avkastning på investeringar. Den som utformar regleringen kan antingen välja modellen där investeringskostnaderna övervältras på konsumenterna, eller göra företaget mer känsligt för sina investeringsval.

Det första synsättet utgår från antagandet att problemet med »moral hazard« i samband med investeringar är ganska litet. Därför finns det ingen större anledning att oroa sig för att företaget inte kommer att vidta lämpliga åtgärder, och att det kan vara rimligt att helt enkelt använda marknadens kapitalavkastning.

Det andra synsättet, som troligen har större stöd bland ekonomer, utgår från antagandet att företagets investeringsval är föremål för både »adverse selection« och »moral hazard«. Att bara direkt använda marknadens kapitalavkastning kan ge upphov till felaktiga incitament. Utformningen av en optimal reglering är en komplex fråga och kommer inte att behandlas i detalj här.

En intressant aspekt är att när regleringsmyndigheten inte i förväg kan binda sig till långsiktiga regleringskontrakt, så får vi ett läge med för låga investeringar. I efterhand, när investeringarna redan är gjorda, har myndigheten incitament att pressa ned prisnivåerna och därmed den avkastning ett företag tjänar på sina investeringar. Detta är samhällsekonomiskt optimalt i efterhand, men inte i förväg eftersom det påverkar företagets investeringsnivå.[6] Företagets privata information om sina egna kostnader kan emellertid i viss mån skydda det från expropriering. Underinvesteringar är emellertid ett allvarligt problem vid reglering, och det finns också ett par (icke-perfekta) mekanismer för att begränsa problemet. En sådan bygger på att tillsynsmyndigheten och företaget (eller företagen) interagerar upprepade gånger. Genom att skaffa sig ett rykte om att vara »schysst« kan myndigheten minska problemet något. I den ekonomiska litteraturen har det hävdats att sådan upprepning kan fungera som en ersättning för avsaknaden av långvariga kontrakt mellan myndigheten och företaget, och därmed ge incitament till rätt investeringsnivå.

## Reglering och kvalitet

Om kvaliteten på tjänsterna inte kan observeras och inte är möjliga att kontrollera, så hamnar incitamenten att erbjuda kvalitet i konflikt med incitamenten att minska kostnader. Detta är särskilt problematiskt om regleringsmyndigheten bara har ett instrument för att skapa båda incitamenten. Då kan en mer kraftfull incitamentsreglering, t.ex. pristak, råka i konflikt med kvalitetsprestationen. Ett företag kan exempelvis komma undan ett bindande pristak genom att försämra kvaliteten på ett sätt som inte kan kontrolleras.

Kraftfulla incitament leder vanligen till kostnadsminskningar. Samtidigt ökar företagets uppfattade kostnad för att tillhandahålla kvalitet, och leder därmed till sänkt kvalitetsnivå. Det som är viktigt att inse här, är att ju viktigare tjänsternas kvalitet är desto mindre kraftfullt bör incitamentsregleringen vara. Samtidigt gäller att ju viktigare framtiden är för företaget, desto lägre är den uppfattade kostnaden för att tillhandahålla kvalitet. Det innebär att ju mer angeläget företaget är om framtiden, desto kraftfullare bör incitamentsregleringen vara.

För elnät är kvalitetsnivån emellertid inte (helt) icke-observerbar eller okontrollerbar. Antalet strömavbrott och längden på dessa och andra kvalitetsfaktorer kan faktiskt mätas ganska enkelt. Faran för otillräcklig kvalitet behöver därför inte vara något problem när näten regleras, förutsatt att regleringssystemet är korrekt utformat.

## Den svenska nätregleringen 1996–2003

Innan elmarknadsreformen 1996 var lokala nät och försäljning vertikalt integrerade och som nämnts tidigare var regleringen var mycket mjuk. Den byggde i viss utsträckning på måttstockskonkurrens, men de legala kraven på skäliga priser i ellagen och självkostnadsprincipen i kommunallagen var också viktiga beståndsdelar.

Traditionen med en mjuk reglering fortsatte efter reformen. Regleringssystemet bygger på bedömning av nätavgifter i efterhand, s.k. *ex post*-reglering, och avgifterna sätts på egen hand av varje nätbolag. Om Energimyndigheten kommer fram till att avgifterna inte är skäliga kan företaget föreläggas att ändra sina avgifter och dessa beslutet kan överklagas till förvaltningsdomstolarna.

Energimyndigheten tog 1996 års priser som utgångspunkt och inriktade sig på företag som höjt sina nätavgifter. Kammarrätten fann att denna princip i grunden var korrekt, men att det fanns vissa oklarheter. Om, exempelvis, ökningen var mindre än 1 procent av företagets omsättning och företaget hade visat att effektivitetshöjande åtgärder vidtagits, ansåg Kammarrätten att Energimyndigheten inte kunnat visa att höjningarna var oskäliga. Om höjningarna var större, och företaget inte vidtagit tillräckliga förbättringar, var det tvunget att sänka sina avgifter.

I praktiken innebär detta att regleringssystemet i hög grad kan klassas som en pristaksreglering, med 1996 års prisnivå som ett (något svagt) tak. Företagen har inte belönats för investeringar eller kvalitetsförbättrande åtgärder. Regleringen har därmed gett svaga incitament till investeringar och kvalitet, och hade ett mycket starkt fokus på prisnivåer och effektiviseringar.

## Nätnyttomodellen

Som nämndes tidigare har prestationsbaserad reglering uppmärksammats på senare tid. I Sverige har Energimyndigheten utvecklat den s.k. Nätnyttomodellen sedan 1998, och modellen användes för första gången i efterkontrollen av 2003 års avgifter.

Tillvägagångssättet i den här modellen är att först skapa ett referensnät. Detta referensnät ska inte uppfattas som något tekniskt redskap för att faktiskt bygga ett elnät, men ska ändå ger en rimlig uppfattning av ett möjligt elnät. Byggkostnader och kostnader för att driva detta referensnät räknas sedan fram. Vid konstruktionen av referensnätet används information om varje in- och utmatningspunkt, effektuttag, spänningsnivå vid konsumenternas anslutningspunkter och den energimängd som levereras över nätet. Detta referensnät är ett helt radiellt nät utan någon extrakapacitet (s.k. redundans), dvs. ett nät som kan möta konsumenternas behov om alla dess komponenter är i funktion, men som inte skulle vara i stånd att göra detta om några avbrott inträffar. För att skapa incitament till kvalitet läggs en redundansfaktor till. Denna representerar sådana komponenter som innebär att reserver finns i händelse av att någon komponent i nätet faller ut. Den beräknade kostnaden för denna extrakapacitet läggs sedan till den totala, tillåtna intäkten. Om kvaliteten är otillräcklig (mätt som skillnaden mellan faktiska avbrott och förväntade avbrott i referensnätet med extrakapaciteten) minskas den tillåtna intäkten. Minskningen kan emellertid aldrig bli större än den beräknade kostnaden för extrakapaciteten. Detta innebär i praktiken att det finns både ett golv och ett tak för modellens kvalitetsincitament. Dessa har satts på ett sätt som gör att många företag på marginalen saknar incitament att förbättra kvaliteten.

I figur 6.1 beskrivs grundmekanismen för att fastställa den tillåtna intäktsnivån. Förutsatt att antalet strömavbrott är detsamma eller lägre än den nivå som satts upp som mål (punkt A), tillåts nätbolaget en total intäkt som är lika stor som de beräknade kostnaderna i referensnätet med full extrakapacitet.[7] Om antalet avbrott är högre än A så sänks den tillåtna intäktsnivån. Vid punkt B är intäktsminskningen så stor att hela extrakapaciteten anses förbrukad och ingen ytterligare sänkning krävs då. Tanken är att för nätföretag som har en kvalitet som är sämre än den förväntade nivån i referensnätet utan extrakapacitet (dvs. ett helt radiellt nät) är det inte i första hand genom ekonomiska incitament som kvaliteten bör förbättras utan snarare genom direkta beslut från tillsynsmyndigheten och i slutändan genom indragen koncession att driva nätverksamhet.

Kostnaderna för referensnätet med den extra kapaciteten, minus avdrag för otillfredsställande kvalitet, benämns nätnytta. Den faktiska sammanlagda intäkten jämförs med den beräknade nätnyttan. Om

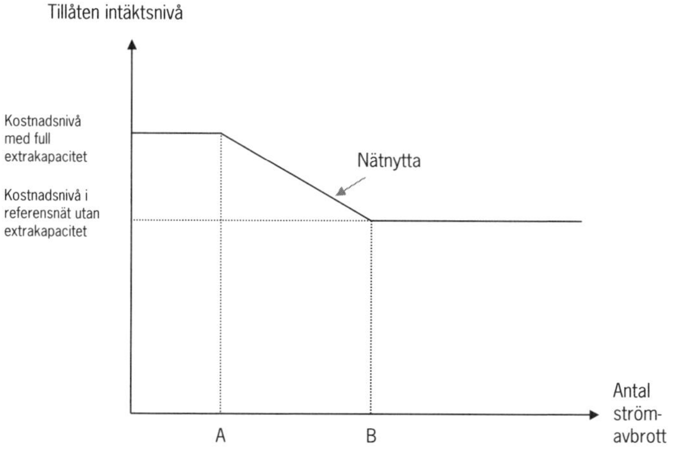


FIGUR 6.1. Nätnyttomodellen.

förhållandet mellan den totala intäkten och nätnyttan är större än ett finns det, enligt Energimyndigheten, skäl att anta att avgifterna är för höga och en mer noggrann undersökning görs då av dessa avgifter.[8]

## Incitament för kostnadseffektivitet inom Nätnyttomodellen

Nätnyttomodellen ger starka incitament att minska kostnaderna, eftersom den tillåtna samlade intäkten inte är beroende av de faktiska kostnaderna för att driva verksamheten. Det finns emellertid ännu ingen etablerad juridisk praxis. Enligt ellagen ska nätavgifterna vara skäliga i relation till de faktiska förhållanden och det sätt på vilket verksamheten bedrivs. Det kan hävdas att det inte finns något direkt samband mellan nätföretagets faktiska kostnader och den tillåtna intäktsnivån. Det råder ingen samsyn mellan elbranschen och tillsynsmyndigheten om huruvida Nätnyttomodellen på ett korrekt sätt fångar de faktiska villkoren för att bedriva nätverksamhet, och inte heller om huruvida det befintliga nätet ska tillåtas påverka den tillåtna intäkten. Innan sådana frågor har lösts inom det juridiska systemet är det svårt att avgöra vilka effekter det nya regleringssystemet kommer att få. Om exempelvis domstolarna inte tror att modellen fångar de »objektiva« kostnaderna på ett korrekt sätt kommer det troligen att bli nödvändigt att på något vis inkludera de faktiska kostnaderna, vilket kan försvaga effektivitetsincitamenten.

## Kvalitetsincitament i Nätnyttomodellen

Incitamenten att investera och underhålla näten kommer främst från den redundansfaktor som beskrevs ovan. Den fråga som fortfarande återstår att besvara är huruvida dessa incitament är tillräckligt starka. Analyser av resultaten från pilotfasen tyder på att över 50 procent av företagen ligger under den nedre gränsen (golvet) för modellens kvalitetsincitament, dvs. de har på marginalen inga incitament att förbättra kvaliteten.

Nivån på redundansfaktorn bygger på den sunda, ekonomiska principen att reserver ska tillföras så länge som det kunderna är villiga att betala för tillägget överstiger de extra kostnaderna. Uppskattningarna av betalningsviljan bygger på en undersökning som genomfördes av Svenska Elverksföreningen under 1994, och de har anpassats till att passa regleringsmodellen. Uppskattningarna av betalningsviljan uppdaterades 2003.[9]

För närvarande studeras kostnaderna för strömavbrott bland hushållskunder, återigen mätt som betalningsvilja för att undvika strömavbrott, i ett pågående forskningsprojekt. Detta visar att betalningsviljan har ökat med mellan 65 procent för ett 1 timme långt oplanerat avbrott till 225 procent för ett planerat 4 timmar långt avbrott (Carlsson och Martinsson, 2004a). Det finns alltså klara indikationer på att värderingen av strömavbrott har ökat. Värderingen förefaller dock fortfarande vara ganska låg, som framgår av tabell 6.1.

I studien uppger en stor andel av de svarande noll i betalningsvilja. En uppenbar orsak till detta är förstås att en del av de svarande faktiskt har noll i betalningsvilja. En annan förklaring hänger samman med metodproblem i den här typen av undersökningar.

Svarspersonerna tillfrågas om hur mycket de maximalt är beredda att betala för att undvika ett visst slags strömavbrott (som äger rum klockan 18.00 i januari). Många svarspersoner kan vilja protestera mot själva problemställningen och vägra att betala något alls för något som de anser sig redan ha rätt till. Enligt Carlsson och Martinsson (2004a) är detta något som uttrycks både i fokusgrupper och i skriftliga kommentarer i frågeformuläret. Frågeformuleringen kan alltså påverka de tillfrågades svar. Ett alternativ är att i stället fråga hur mycket kompensation svarspersonerna skulle kräva för att accep-

TABELL 6.1. Betalningsvilja för att undvika strömavbrott, i kronor per avbrott.

| | *Antal timmar* | *Genomsnitt* | *Standardavvikelse* | *Median* | *Max* | *Andel med noll betalningsvilja* | *Genomsnittlig ökning sedan 1993, %* |
|---|---|---|---|---|---|---|---|
| Planerat | 1 | 6,30 | 39,23 | 0 | 500 | 0,90 | 142 |
| | 4 | 28,46 | 99,86 | 0 | 1 000 | 0,74 | 225 |
| | 8 | 84,42 | 202,01 | 0 | 2 000 | 0,51 | 133 |
| | 24 | 189,25 | 377,09 | 50 | 3 000 | 0,39 | |
| Oplanerat | 1 | 9,39 | 45,14 | 0 | 500 | 0,86 | 65 |
| | 4 | 37,32 | 101,91 | 0 | 750 | 0,68 | 73 |
| | 8 | 108,09 | 239,52 | 15 | 2 000 | 0,46 | 78 |
| | 24 | 223,01 | 430,59 | 90 | 3 000 | 0,36 | |
| | 2–6 | 68,80 | 168,22 | 0 | 1 200 | 0,59 | |

Källa: Carlsson och Martinsson (2004a).

tera ett strömavbrott. Det alternativet skulle emellertid troligen leda till att svarspersonerna överdrev sin värdering.

Förutom att visa olika betalningsvilja för att slippa strömavbrott av varierande längd (längre avbrott är naturligtvis mer kostsamma) och önskan att slippa osäkerhet (planerade strömavbrott är mindre kostsamma än oplanerade avbrott), visar de ekonometriska analyserna av resultaten att osäkerhet om längden på strömavbrottet ökar den uppfattade kostnaden. Dessutom har svarspersoner som bor utanför stora städer en signifikant lägre betalningsvilja. Författarna anser att en tänkbar förklaring är att människor som lever utanför större städer upplever strömavbrott oftare och därför är bättre förberedda. Svarspersoner som bor i hus som saknar alternativ uppvärmning (vid sidan av elektricitet) har naturligtvis också en högre betalningsvilja.

Jämfört med undersökningar i andra länder tyder resultaten i den svenska undersökningen på en förvånansvärt låg värdering för att undvika strömavbrott. En undersökning som gjorts av SINTEF (2003) i Norge, tyder på en väsentligt högre, genomsnittlig betalningsvilja[10] och Layton och Moeltner (2004) jämför olika amerikanska undersökningar och finner klart högre betalningsvilja där.

Inom ramen för det svenska forskningsprojektet har även frågan om hur stor roll det spelar när ett strömavbrott inträffar (Carlsson och Martinsson, 2004b). I undersökningen ovan tillfrågades svarspersonerna om deras värdering av ett strömavbrott klockan 18.00 en dag i januari, vilket troligen kan anses vara ett »värsta tänkbara scenario«.[11] I Carlsson och Martinsson (2004b) används i stället en valexperimentmetodik. Svarspersonerna ställs inför en uppsättning val med flera alternativ där varje beskrivs genom ett antal egenskaper. Dessa var strömavbrottets längd, om det ägde rum på en vardag eller under helgen samt anslutningsavgiften till ett uppbackningssystem som garanterade att antalet strömavbrott hölls på en viss nivå.

Resultaten visar att den marginella betalningsviljan är systematiskt högre under helger och under vintern än under resten av året. Detta är vad man kunnat vänta sig eftersom fler hushållsmedlemmar är hemma under helger, och beroendet av elektricitet är större under vintern. Jämfört med Carlsson och Martinsson (2004a) är betalningsviljan allmänt mindre i den här undersökningen. Detta har en naturlig förklaring eftersom frågan i den förra studien gällde ett strömavbrott vid sämsta tänkbara tidpunkt, vilket inte var fallet i den senare.

Analysen av strömavbrottens kostnader är central för regleringen eftersom den ger ett underlag för att fastställa styrkan i modellens kvalitetsincitament. Låga förväntade kostnader för strömavbrott begränsar den kalkylerade extrakapaciteten i modellen, eftersom kostnaderna för extrakapaciteten överstiger de förväntade kostnaderna för avbrott. Dessutom baseras även avdraget för strömavbrott (lutningsparametern i figur 6.1) på uppskattningar av strömavbrottens kostnader.

Inom Energimyndigheten planerar man att uppdatera modellens parametrar utifrån resultaten i den ovan nämnda undersökningen. Om de uppskattningar av kostnaderna som rapporteras i Carlssons och Martinssons undersökning är »för låga« utifrån de metodproblem som diskuterats ovan finns det en uppenbar risk för att den kvalitetsnivå som regleringen syftar till kommer att vara för låg jämfört med faktiska värderingar. Att inte basera kvalitetsnivån på betalningsviljan skulle, å andra sidan, kunna innebära att kvalitetsnivån blev för hög och orsakade oförsvarbara kostnader för konsumenterna.

## Förbättringar av nätreglering

Elektricitet är en tillgång av vital betydelse för alla moderna samhällen. För att garantera en tillräcklig leveranssäkerhet, är det nödvändigt med väl fungerande nät. Det är viktigt att komma ihåg att nätverksamheten inte är avreglerad. Bristfälliga nät, avsaknad av investeringar eller otillräckligt underhåll kan därför inte skyllas på avregleringen, utan måste i första hand tillskrivas brister i regleringen.

Den svenska nätregleringen har hittills varit inriktad på effektivitetsförbättringar och att hålla nere avgiftsökningar. Andra länder har inriktat sig mer på incitament för kvalitet.

För att ta ett närliggande exempel, så har det i Norge funnits kvalitetsberoende intäktstak sedan 2001. I den s.k. KILE-modellen (KILE är förkortning för Kvalitetsjusterte inntektsrammer ved ikke levert energi) har intäktstaken anpassats genom skillnaden mellan tillåten och faktisk KILE. KILE-modellen ger nätföretagen en ekonomisk bestraffning som motsvarar antalet ej levererade kWh, multiplicerat med tillämplig KILE-avgift för varje kundgrupp (det finns för närvarande sex olika grupper). Bara avbrott som varar längre tid än tre minuter omfattas. Den norska regleringen har också en anpassningsmekanism som kompenserar nätföretagen för nya investeringar. Enligt ECON (2004) har den norska regleringsregimen givit en genomsnittlig kompensation över tid för nya investeringar på cirka 80 procent av kostnaderna.

I Storbritannien har tillsynsmyndigheten Ofgem inkluderat en viss nivå på tillåtna investeringsutgifter för varje företag i de beräkningar som bestämmer prisnivån under de kommande fyra eller fem åren. Sedan privatiseringen 1990 har distributionsföretagen hela tiden haft mindre investeringsutgifter än vad som tillåtits,[12] men en förändring är att vänta under nuvarande priskontrollperiod (2005–2010). Tillsynsmyndigheten har alltså försökt utforma en modell som ger incitament till effektiva investeringar och hög servicekvalitet.

Företag har sedan 1990 varit tvungna att betala ut ersättning till kunder som fått särskilt dålig service eller drabbats av långa strömavbrott. Från och med 2002 anpassades företagens reglerade intäkter så att de skulle spegla deras prestationer gällande störningar i leveranserna och kvaliteten på deras telefonkontakter med kunder (som mätts i undersökningar). Detta gav dem ytterligare incitament att förbättra servicekvaliteten, åtminstone i dessa avseenden.

För att ge incitament till effektiva investeringar har tillsynsmyndigheten infört en glidande skala i den senaste priskontrollen, som startade i april 2005. Varje företag kan välja sin egen grundnivå för investeringar under kontrollperioden vilket påverkar den tillåtna intäktsnivån, och tillsynsmyndigheten att anger därefter en incitamentsfaktor (baserad på en förannonserad formel). Företag som väljer en hög grundnivå för investeringar, och därmed får relativt höga tillåtna intäktsnivåer, måste inom några år betala tillbaka merparten av varje belopp som understiger den nivån, till konsumenterna. Företag som väljer en låg grundnivå får behålla mer av varje belopp som understiger den nivån och kommer också att belönas om de helt enkelt lägger ut det som basnivån kräver. Denna modell speglar idén om en »kontraktsmeny«, som finns inom flera områden i den ekonomiska litteraturen.

Som diskuterats ovan bör en idealisk reglering ge incitament till effektivitet, samtidigt som den ger riktiga incitament till investeringar och kvalitet. Incitament till effektivitet kan ges genom att inte låta den tillåtna intäktsnivån påverkas direkt av den faktiska kostnadsnivån. Samtidigt borde intäkterna ligga nära de faktiska kostnaderna så att det inte skapas snedvridningar i varans eller tjänstens förbrukning.

En standardkostnadsmodell, som den svenska Nätnyttomodellen, kan i princip uppnå detta. Denna modell är, enligt vår mening, definitivt ett intressant redskap för att reglera näten. Men det är antagligen inte möjligt att låta den vara det enda redskapet. Ingen modell, hur sofistikerad den än må vara, kan någonsin fånga alla relevanta faktorer som påverkar de underliggande kostnaderna med att bygga och driva ett elnät.

I ett system med *ex post*-reglering, som för närvarande används, kan modellen användas som en kontrollmekanism. En enkel (mer eller mindre automatisk) kontrollmekanism är antagligen också nödvändig med tanke på det stora antalet distributionsföretag i Sverige. Uppgiften att övervaka dem alla i detalj skulle kräva en betydande ökning av resurserna hos Energimarknadsinspektionen vid Energimyndigheten.[13] Resultatet av modellsimuleringen kan då användas som utgångspunkt när avgifterna granskas, och de nätföretag som granskas måste kunna visa varför deras intäkter ska tillåtas avvika från modellens resultat.

Införandet av kvalitetsincitament i den svenska nätregleringen är definitivt ett steg i rätt riktning. Den viktigaste frågan är huruvida det ger tillräckligt starka incitament så att kunderna kan åtnjuta den rätta kvalitetsnivån. Missnöjet med nuvarande kvalitetsnivå tyder på att en högre nivå är önskvärd. Eftersom en stor del av nätföretagen dessutom inte på marginalen har incitament att förbättra kvaliteten finns det antagligen anledning att stärka den roll kvalitetsincitament har i modellen. Det är emellertid också viktigt att notera att höjd kvalitet innebär högre kostnader och därmed högre avgifter för kunderna.[14] När man fastställer den kvalitetsnivå som nätföretagen bör tillhandahålla är det därför nödvändigt att koppla detta till kundernas betalningsvilja för kvalitet, och de undersökningar som hänvisades till ovan tyder på en ganska liten betalningsvilja hos svenska hushållskunder.

Enligt vår uppfattning finns det ett antal möjligheter att stärka kvalitetsincitamenten. En är att låta en större andel av företagen på marginalen möta incitament för att höja kvaliteten genom att ta bort golvet och låta kvalitetsavdraget i den tillåtna intäkten sträcka sig under det nuvarande golvet (figur 6.2). Detta är på vissa sätt ett attraktivt alternativ eftersom de nätföretag som erbjuder så dålig kvalitet bör bestraffas för det. Å andra sidan har en del av de företagen antagligen

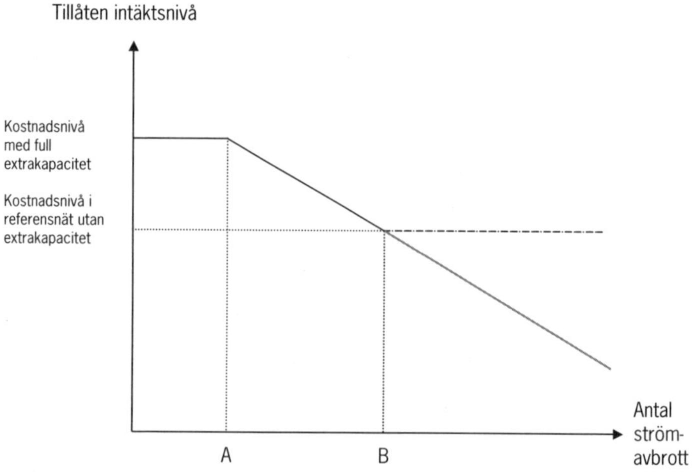


FIGUR 6.2. Stärka incitamenten genom att ta bort golvet.

inte någon stark ekonomisk ställning och det är inte nödvändigtvis så att deras kunder kommer att ha nytta av att man stärker incitamenten på det här sättet. Energimyndighetens nuvarande alternativ, att lita till en direkt, icke-ekonomisk reglering med krav på att förbättra kvaliteten och hot om att förlora koncessionen, kan då vara att föredra.

Ett annat alternativ är att förändra avdragskurvans lutning vilket ger svagare marginella incitament till dem som för närvarande befinner sig i lutningssegmentet i figur 6.1, men som samtidigt faktiskt ger en del incitament till fler företag (figur 6.3). Om endast lutningen förändras betyder det att kundernas genomsnittliga elräkning kommer att öka, eftersom en del nätföretag kommer att tillåtas få högre intäkt, samtidigt som ingen får lägre. Ett alternativ vore att börja avdragen vid ett färre antal strömavbrott, vilket på marginalen skulle ge incitament även till en del av de företag som i dag befinner sig ovanför taket. Taket är emellertid baserat på det förväntade antalet strömavbrott utifrån extrakapaciteten i modellens referensnät. Att inleda avdragen vid ett färre antal strömavbrott skulle därför innebära en bestraffning av nät som faktiskt levererar regleringens förväntade kvalitetsnivå.

Ett tredje alternativ är att öka den tillåtna extrakapaciteten, vilket medför högre tillåten intäktsnivå (figur 6.4). Detta bör bygga på un-

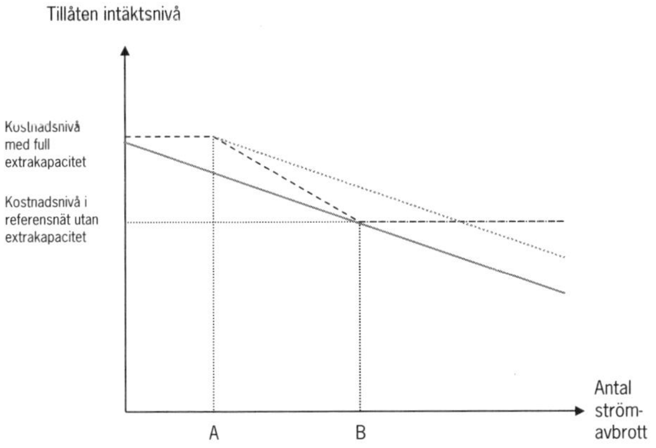


FIGUR 6.3. Att ge incitament till för företag genom att förändra lutning och intercept.

dersökningar som faktiskt tyder på en högre värdering av uteblivna strömavbrott och skulle även innebära en brantare avdragskurva. Det skulle alltså helt klart ge starkare incitament för företag som just nu har marginella incitament att förbättra kvaliteten, och fler företag med mycket hög kvalitet skulle också få incitament. Huruvida företag som för närvarande ligger under golvet skulle få incitament till kvalitetsförbättringar är osäkert, eftersom det finns två motsatta effekter; det högre taket skulle ge fler företag ett incitament vid en given avdragskurva, medan en brantare avdragskurva för en given startpunkt för avdragen, skulle ge färre företag incitament. Utifrån dagens politiska signaler, med diskussion om leveranser utan avbrott och ersättning av nätets luftledningar med nedgrävda kablar, är detta alternativ kanske det lämpligaste. Det kommer emellertid helt klart att leda till högre avgifter för kunderna, vilket är ett fullt naturligt att förvänta sig om regleringen syftar till att nå en märkbar kvalitetsförbättring.

Ytterligare en metod för att skapa incitament för nätföretagen att förbättra sina prestationer skulle vara att få dem att betala ut kompensation till kunder som drabbats av strömavbrott. Denna modell har fördelen att den är rättvis så till vida att kompensationen för dålig service går till dem som drabbats. I det nuvarande systemet sker en stor del av kompensationen i form av lägre priser till konsumenter

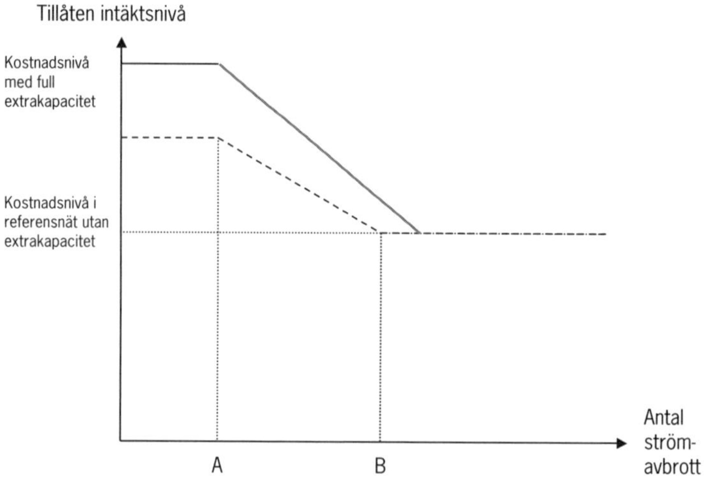


FIGUR 6.4. Stärka incitamenten genom att höja taket och öka lutningen.

som i själva verket redan har en acceptabel service, men som är anslutna till samma nät som konsumenter som haft problem. Det finns en del kostnader förbundna med att vara ansluten till ett nätverk som man vet är opålitligt (t.ex. att man har ett lager stearinljus), men dessa är mycket lägre än de kostnader som uppstår vid ett faktiskt elavbrott.

Om företagen tvingas ersätta de konsumenter som drabbas av avbrott, hur mycket ska de då betala? Full kostnadskompensation till de drabbade konsumenterna verkar vara det naturliga svaret. I tidigare kapitel diskuterades några metodfrågor angående hur man beräknar dessa kostnader, men vi antog att en rimlig siffra kunde tas fram. Det kan finnas en del problem med att fastställa när en kund är berättigad till ersättning och om det kan finnas undantag för extrema händelser, men andra länder har infört sådana ersättningssystem och tagit fram regler för dessa situationer.

Kompensationssystemet skulle behöva ersätta den rörliga avdragsdelen inom Nätnyttomodellen. För att inse detta kan man betrakta de incitament ett företag står inför om det bara utsätts för kompensationskrav. Det skulle vilja investera upp till den punkt där kostnaden för en ny investering är lika stor som de kompensationsbetalningar som det förväntas kunna undvika till följd av investeringen. Om kompensationsbetalningarna är lika stora som de kostnader nätets kunder drabbas av i samband med strömavbrott, innebär det att företaget skulle investera fram till det att företagets kostnader var lika med konsumenternas vinst i form av ökad tillförlitlighet, vilket skulle innebära ett samhällsekonomiskt optimum. Om företaget också ställdes inför den rörliga avdragsdelen i Nätnyttomodellen skulle emellertid de ytterligare investeringarna inte bara bespara det dess kompensationsutbetalningar utan också öka det pris det tillåts ta ut, och incitamenten skulle därmed bli allt för starka. Detta skulle leda till för stora investeringar och innebära en kostnad för samhället. På motsvarande sätt skulle en allt för hög kompensationsnivå i relation till konsumenternas faktiska kostnader kunna uppmuntra till allt för stora investeringar.[15] Kompensationsbetalningarna skulle se till så att nätföretagen alltid på marginalen hade incitament att förbättra kvaliteten – relationen mellan nätintäkt och prestation skulle alltid återges som en nedåtlutande kurva i våra figurer. Företag kan även komma att ta försäkringar mot extrema händelser för att skydda sig mot höga kompensationsersättningar som inte beror på deras egna brister.

I Sverige har det funnits ett starkt stöd för *ex post*-reglering. EU:s elmarknadsdirektiv kräver att »Tillsynsmyndigheterna skall ansvara för att, innan dessa träder i kraft, fastställa eller godkänna, åtminstone de metoder som används för att beräkna eller fastställa villkoren för a) anslutning och tillträde till nationella nät, inklusive överförings- och distributionstariffer...«.[16] I ett remissyttrande över regeringens förslag till implementering av EU:s inre marknad för el[17] hävdar lagrådet att det svenska systemet med reglering i efterhand strider mot EU-direktivet.[18] I lagförslaget har regeringen deklarerat att den ämnar återkomma med ett förslag som innebär att tillsynsmyndigheten antingen ska göra en förhandsprövning av avgifterna eller av de metoder som avgifterna är baserade på.

Vi tror att Nätnyttomodellen kan användas som ett redskap för en sådan förhandsreglering. Detta innebär emellertid att den inte bara används som en kontrollmekanism, eftersom alla företag måste undersökas närmare (dvs. inte bara de med dålig prestation. Detta skulle sätta avsevärt högre press på tillsynsmyndigheten. Det är därför antagligen klokt att övergå från ettåriga regleringsperioder till längre perioder, kanske på fem år. Den sammantagna, tillåtna intäktsnivån kan anges för varje enskilt år, men nätföretaget får »låna« (till lämplig ränta) inom den längre perioden. Med andra ord, om intäkten är »för hög« under ett år måste detta rättas till genom lägre intäkt i förhållande till den tillåtna nivån under andra år. Detta har två tydliga fördelar. För det första jämnar det ut tillfälliga effekter mellan åren, vilket ger ökad stabilitet för både nätbolagen och dess kunder. För det andra innebär de rullande regleringsperioderna (dvs. med olika perioder för olika företag) att tillsynsmyndigheten bara behöver granska 20 procent av företagen varje år. Längre regleringsperioder är av dessa anledningar något att starkt överväga, även om Sverige inte övergår till en regleringsordning med förhandsprövning.

## NOTER

1. Reglerat tredjepartstillträde förkortas vanligen rTPA efter engelskans regulated Third Party Access. En annan variant som har använts i vissa europeiska länder är förhandlat tredjepartstillträde (nTPA) där en aktör som vill ha tillgång till nätet måste förhandla om villkoren med ägaren.
2. Laffont och Tirole (1993) är en utmärkt bok i regleringsteori.
3. I teorin bör kostnaderna naturligtvis vara försvarbara. I praktiken kan detta vara svårt för tillsynsmyndigheten att kontrollera, eller åtminstone kostsamt.
4. I praktiken omprövas pristaken då och då för att skapa ett samband mellan företagets kostnader och priser.
5. Benämningen låg- och högkostnadsföretag används. Det innebär inte att det finns två företag, utan att företaget kan ha fått olika kostnadsnivåer, exempelvis beroende på utmärkande drag i de områden som företaget betjänar.
6. Det är intressant att konstatera att välfärden faktiskt kan vara större med en korrupt eller ineffektiv regleringsmyndighet, eftersom incitamentet att investera då kan vara starkare.
7. Målet anges av den simulerade förväntade nivån på strömavbrott då referensnätet inkluderar extrakapacitet.
8. I granskningen av 2003 års avgifter användes 1,3 som gränsvärde för närmare granskning.
9. Larsson (2004).
10. SINTEF rapporterar genomsnittlig betalningsvilja hos hushållskunder för att undvika 1, 2, 4 respektive 8 timmars strömavbrott till 29,31 norska kronor (1 timme), 50,31 (2 timmar), 92,73 (4 timmar) och 157,42 (8 timmar).
11. Åtminstone fram till de strömavbrott som orsakades av stormen i januari 2004, och som resulterade i flera veckors strömlöshet för många konsumenter.
12. Electricity Distribution Price Control Review Policy Document, Ofgem, mars 2004.
13. För närvarande har Energimarknadsinspektionen cirka 50 anställda som har tillsyn över gas, elhandel och nät (enligt förteckning över anställda på Energimyndighetens hemsida).
14. I princip kan även vinstnivåerna minskas, men för en given accepterad vinstnivå måste högre kostnader leda till högre avgifter.
15. I en artikel i *Dagens Nyheter* den 23 april 2005 spekuleras i att effekten av de svåra stormarna i januari 2005 kommer att leda till kompensationsnivåer som vida överstiger de värden som Carlsson och Martinsson kom fram till. Sådana kompensationsnivåer skulle antagligen leda till allt för stora investeringar. I artikeln antyds också att företag kan komma att tvingas lägga ut 20 miljarder kronor på att ersätta de känsliga luftledningarna med nedgrävda ledningar. Om inte denna summa räknats fram utifrån en kostnads- och intäktsanalys, kan detta också bidra till överinvestering.
16. Elmarknadsdirektivet (Europaparlamentets och rådets direktiv 2003/54/EG om gemensamma regler för den inre marknaden för el och om upphörande av direktiv 96/92/EG), artikel 23, punkt 2.
17. Regeringens proposition 2004/05:62 om genomförande av EG:s direktiv om gemensamma regler för de inre marknaderna för el och naturgas m.m., prop. 2004/05:62
18. Lagrådets yttrande den 9 december 2004.

# 7. Marknadsmakt

Ett företag med marknadsmakt har både förmåga och incitament att förändra priser på sådant sätt att dess vinster ökar. Detta inkluderar vanligen prishöjningar som är utöver de som skulle uppnås om alla företag på marknaden helt enkelt tog priset för givet – den prisnivå som skulle gälla vid full konkurrens. Faktorer som påverkar förekomsten av marknadsmakt inkluderar antalet företag på marknaden och deras relativa storlek, hur lätt det är för andra företag att komma in på marknaden och konsumenternas efterfrågeelasticitet, priskänsligheten. Elmarknader är särskilt känsliga för marknadsmakt eftersom efterfrågeelasticiteten på kort sikt är mycket låg. De flesta konsumenter har inte den mätutrustning som skulle göra det möjligt för dem att se priset i realtid, och de flesta av dem som har lämpliga mätare betalar i själva verket priser som fastställts i förväg, vilket inte ger dem några incitament att minska förbrukningen vid tidpunkter då realtidpriset är särskilt högt. Utöver den oelastiska efterfrågan är det också omöjligt att lagerhålla el, så systemoperatören måste acceptera budpriser från kraftproducenter hur höga de än är, eller stänga av konsumenter från nätet. Dessutom innebär efterfrågevariationen över tid att en marknad med genomsnittligt hög konkurrens ändå kan vara känslig vid tidpunkter med toppbelastning, då efterfrågan är hög och det finns lite ledig produktionskapacitet.

På de flesta marknader innebär utövandet av marknadsmakt höjda priser, vilket sannolikt leder till minskad efterfrågan på företagets produkter. Om prisökningen är tillräckligt stor, i förhållande till den minskade volymen, kommer detta att vara lönsamt för företaget. För ett vattenkraftverk finns det emellertid en ytterligare komplikation. Om företaget producerar mindre elektricitet under en period kommer det att ha mer vatten i reservoarerna inför nästa periods början. Om det inte ska tömma ut överskottsvattnet, vilket konkurrensmyndigheterna troligen skulle anse vara oacceptabelt, måste företaget öka sitt utbud vid någon tidpunkt i framtiden. Det innebär inte att det är omöjligt för en vattenkraftproducent att utnyttja en dominerande ställning på marknaden, men att det måste göra det på ett diskret, annorlunda vis. Företaget måste höja priset (minska utbudet) vid tidpunkter då den efterfrågan som det har är förhållandevis mindre elastisk, och då låta konsumenterna förbruka det vatten som sparats när efterfrågan var mer elastisk. I praktiken innebär det att produktion flyttas från tidpunkter med hög efterfrågan till tidpunkter med låg efterfrågan. Förändringen av företagets intäkter, i relation till förändringarna av dess produktion, är nära förbundet med den efterfrågeelasticitet det möter. Detta innebär att intäktsökningen via prishöjning och minskat utbud, när efterfrågan är mindre elastisk, kommer att vara större än minskningen av intäkterna från motsvarande ökning av utbudet när efterfrågan är mer elastisk.

Vertikal integration kan påverka ett företags incitament att utnyttja sin dominerande ställning. Den avgörande frågan är hur nära slutkundpriset är kopplat till råkraftpriset. Vi tänker oss ett företag som framställer mer kraft än det behöver för sin egen försäljning till konsumenter, och som säljer resten på råkraftmarknaden. Detta företag säljer alltså dels till slutkundpris, dels till råkraftpris. Det är uppenbart att företaget har ett direkt incitament att höja råkraftpriset för att öka vinsten på den kraft det säljer på råkraftmarknaden. Detta incitament är emellertid mindre starkt än det varit om företaget sålt hela sin produktion på råkraftmarknaden. Företaget har också ett indirekt incitament att höja råkraftpriset eftersom det gör andra leverantörer till slutkunderna mindre konkurrenskraftiga – ekonomer kallar det strategin att höja rivalernas kostnader. Företagets direkta incitament vad gäller den produktion det säljer på slutkundmarknaden är beroende av om slutkundpriset följer råkraftpriset uppåt. Om så inte är fallet kommer företaget inte att kunna öka de vinster det gör från sin försäljning till konsument genom att höja råkraftpriset, vilket minskar incitamentet att göra en sådan höjning. Företaget kommer att ha mycket större incitament att höja råkraftpriset om detta överförs direkt till dess intäkter från slutkundförsäljningen, liksom från försäljning på råkraftmarknaden.

Betrakta på motsvarande sätt ett företag som framställer mindre kraft än det säljer direkt till konsumenterna. Vi tänker oss att det här företaget erhåller slutkundpriset på sin produktion och har en återförsäljarmarginal på sin återstående försäljning. Det kan nu ha ett incitament att sänka råkraftpriset om detta tros leda till en ökning av företagets återförsäljarmarginaler. Om slutkundpriset emellertid följer med råkraftpriset nedåt så kommer inte återförsäljarmarginalen att öka med hjälp av den här strategin, och företaget kommer att tjäna mindre på den kraft det själv framställer.

Den utsträckning i vilken slutkundpriser följer råkraftpriser beror troligen på hur stark konkurrensen på slutkundmarknaden är. I allmänhet är det så, att ju mer konkurrens som råder på marknaden, desto närmare följer priserna varandra. Om företag har marknadsmakt är det troligt att de sätter priserna högre än kostnaderna och att kostnadsförändringar inte får fullt genomslag i priserna.

## Undersökningar av marknadsmakt

Det är svårt att upptäcka om en vattenkraftproducent utövar marknadsmakt. För en konventionell kraftproducent kan vi jämföra det pris det begär med marginalkostnaden för att driva anläggningen. Den största delen av marginalkostnaden på ett vattenkraftverk utgörs av värdet på det lagrade vattnet, och detta är beroende av förväntningar om framtida priser. Ett företag bör lämna höga budpriser på Nord Pool om det tror att priset kommer att vara högt framöver, men detta kan bero på en faktisk brist, på hur marknadsmakt utövas av andra aktörer eller på företagets eget uppträdande på marknaden. Även om ett företag ändrar sina budpriser under korta tidsperioder kan detta återspegla driftmässiga begränsningar, som påverkar det sätt på vilket anläggningarna måste drivas.

Vi kan emellertid få fram fakta om marknadsmakt om vi kan jämföra ett företags budpriser med beräkningar av efterfrågeelasticitet. Om företaget verkar försöka höja priset vid en tidpunkt då efterfrågan är mindre elastisk, och tillåter det att pressas ner vid andra tillfällen, kan detta uppfattas som tecken på marknadsmakt. Johnsen m.fl. (1999) undersökte hur priserna växlade i fyra norska prisområden när överföringsbegränsningar var bindande och små marknader föreföll vara mer känsliga för marknadsmakt. De fann att i ett område ökade priset mer vid tidpunkter då de trodde att efterfrågan var relativt sett mindre elastisk, vilket överensstämmer med att företag i det området har marknadsmakt. Den finansiella effekten var emellertid relativt liten eftersom dessa villkor bara existerade under 120 timmar om året, trots att priset steg med 15 procent under dessa timmar.

Hjalmarsson (2000) estimerar efterfråge- och utbudsrelationer för att undersöka om det finns företag med marknadsmakt, under antagande att det inte förekommer några bindande överföringsbegränsningar på den nordiska marknaden. Ett vinstmaximerande företag väljer sina kvantiteter på ett sådant sätt att marginalkostnaden är lika med marginalintäkten. På en marknad med perfekt konkurrens är marginalintäkten lika med priset. Detta kan användas som ett test på marknadsmakt. Hjalmarsson använder data från början av januari 1996 fram till slutet av april 1999, och hittar inget stöd för att det finns någon marknadsmakt. Denna period utmärktes emellertid av ymnig nederbörd och utrymmet för marknadsmakt bör därför ha varit begränsat.

Ett annat tillvägagångssätt att undersöka marknadsmakt är att göra simuleringar av marknaden för att se huruvida företag har förmåga och incitament att styra en modell av marknaden. Om de har det så vore det klokt att överväga motåtgärder. Andersson och Bergman (1995) visade att om en oreglerad råkraftmarknad som enbart omfattade Sverige skulle skapas, skulle Vattenfall ha möjlighet att höja priset till icke önskvärda nivåer. Detta är knappast ett förvånande resultat med tanke på företagets stora produktionsandel. Genom att koppla samman två nationella marknader i Nord Pool har dock Vattenfalls marknadsandel minskat väsentligt, och priserna kan hållas på mer acceptabla nivåer, även när producenterna utövar marknadsmakt.

I en senare undersökning ställer Amundsen och Bergman (2002) frågan om huruvida den ökade förekomsten av korsvist ägande kan orsaka problem på den nordiska elmarknaden. När ett företag äger aktier i ett annat företag har det incitament att konkurrera mindre aggressivt med det företaget. Detta kommer att öka det andra företagets vinster, vilka överförs till den samlade vinsten i det första företaget. Amundsen och Bergman gjorde beräkningar utifrån den då rådande omfattningen av korsvist ägande, och utifrån antagandet om frånvaro av korsvist ägande samt utifrån antaganden om att Vattenfall och Statkraft förvärvar kapacitet på 1 200 MW var, först i det egna landet och sedan över nationsgränsen. Tabell 7.1 visar de priser som blev resultatet.

Slutsatsen är att även om uppköp inom nationsgränser är uppenbart skadliga (en femprocentig prisökning uppstår genom uppköp av

TABELL 7.1. Simulerade priser i svenska kronor per MWh i olika scenarier.

| *Scenario* | *Pris i Sverige* | *Pris i Norge* |
|---|---|---|
| Nuvarande situation | 147 | 147 |
| Inget korsvist ägande | 145 | 139 |
| Uppköp inom landet | 154 | 154 |
| Uppköp över gränserna | 152 | 152 |

Källa: Amundsen och Bergman (2002).

mycket mindre än 5 procent av landets kapacitet), så kan även uppköp över nationsgränser ha nästan lika stor påverkan på jämviktspriset, och de är därför troligen inte önskvärda. Verkningsfullt agerande mot sådana uppköp kan emellertid förutsätta samverkan mellan nationella konkurrensmyndigheter.

Lyckligtvis har de nordiska konkurrensmyndigheterna samarbetat på det här området. I en rapport från en arbetsgrupp från de nordiska konkurrensmyndigheterna (2003) diskuteras räckvidden för utövande av marknadsmakt på de nordiska elmarknaderna mot bakgrund av den relativt höga koncentrationsgraden inom varje land. Rapporten betonar de gränsöverskridande effekterna av marknadsmissbruk och risken för att beslut som fattas på rent nationell grund inte beaktar dessa effekter. Som en positiv effekt pekar dock rapporten på att det redan finns en överenskommelse mellan fyra av de fem nordiska länderna, som möjliggör utbyte av konfidentiell information och som bör leda till ett mer enhetligt tillvägagångssätt i gränsöverskridande frågor. Rapporten innehåller även simuleringar, där man använder den marknadsmodell som tagits fram av den (västliga) danska systemoperatören Eltra, som visar på potentialen i marknadsmakt, både med befintlig marknadsstruktur och efter ett hypotetiskt samgående mellan ett norskt och ett finländskt företag. En sak som betonas i rapporten är, att medan de samgående företagen ökar sina vinster, så får företag som inte ingår i sammanslagningen ännu större ökningar. Detta beror på att när de sammanslagna företagen börjar minska utbudet för att driva upp marknadspriset, så kan dessa företag öka sitt utbud något, samtidigt som priset ändå stiger.

I anslutning till Elsams uppköp av NESA under 2003 gjorde den danska konkurrensmyndigheten (Konkurrencestyrelsen, 2004) analyser av effekten av att ett företag har en dominerande ställning på marknaden. Elsam, som är så gott som monopolist i västra Danmark, skulle genom uppköpet äga 36 procent av Energi E2, som har en motsvarande position i östra Danmark.[1] Enligt konkurrensmyndigheten har både Elsam och Energi E2 prisstrategier som gör att de ofta kan uppnå det högsta av priset i Tyskland eller Norge/Sverige. Den danska konkurrensmyndigheten bad Eltra att använda sin marknadsmaktsmodell, MARS, för att analysera effekterna av uppköpet. Resultatet tyder på att uppköpets effekt kan bli en prisökning på mindre än 1 procent.

Konkurrensmyndigheten ifrågasatte dock specificeringen och antagandena i modellen. Resulterar exempelvis modellen i lägre prisskillnader mellan Norge och Tyskland, än de faktiska värdena? Eftersom det i första hand är denna prisskillnad som skapar möjligheten att utöva inflytande över den danska marknaden, så kan MARS-modellen ha underskattat potentialen för marknadsmakt. Den danska konkurrensmyndigheten utvecklade därför en egen modell för Danmark. I denna modell finns en kärna som fokuserar på den danska råkraftmarknaden. Det antas att de danska elproducenterna inte kan påverka import- och exportmängder mellan Danmark och dess grannländer. I en delmodell för handel med utlandet ser man hur priser fastställs när import och export är beroende på priser på den danska marknaden, dvs. det som händer när kraften flödar i »rätt« riktning. Priser i grannländerna ingår inte i denna delmodell. Genom att använda sin egen modell med historiska tyska och norska priser hävdar konkurrensmyndigheten att uppköpet skulle öka priserna i Danmark med 2 till 4 procent. Företagsfusionen godkändes senare, men på villkor att bland annat frigöra en del kapacitet i form av virtuella kraftverk, dvs. försäljning av rätten till delar av produktionen i vissa anläggningar.

Stridbaeck m.fl. (2004) rapporterar om resultaten av ett gemensamt forskningsprojekt som ECON och Eltra genomfört. Bakgrunden var de klagomål som riktats till Eltra om att aktörer utnyttjade sin marknadsställning under sommaren 2000. I den analysen användes ECON:s marknadsmaktsmodell för att beräkna det potentiella inflytandet. Modellsimuleringar gjordes för en fyraveckorsperiod under maj/juni 2000. Resultaten visar på att producenterna har starka incitament att exploatera marknaden och höja priserna. Resultaten var än mer slående eftersom modellanalysen tillämpades på ett »våtår« och en tid på året med relativt liten efterfrågan. Särskilt under timmar med hög efterfrågan ökade det strategiska agerandet priset med mellan 50 och 100 procent. Simuleringarna resulterade också i prisnivåer och prisstrukturer som återspeglade faktiska priser under den perioden. Simuleringarna visade att Elsam hade incitament att på egen hand utnyttja sitt marknadsinflytande, men också att handeln med Tyskland var viktig.

Simuleringsanalyser som gjorts hittills tyder helt klart på en potential för marknadsmakt på den nordiska elmarknaden. De empiriska analyserna tyder emellertid på att det faktiska utövandet av marknadsinflytande varit ganska begränsat på den nordiska marknaden i dess helhet. Det viktigaste undantaget från detta kan vara (västra) Danmark, där det gjorts iakttagelser som tyder på att priserna drivits upp.

## Är marknadsmakt på råkraftmarknaden ett problem?

Varje diskussion om huruvida företag har marknadsmakt måste beakta att priserna i Sverige hittills legat under den nivå som behövs för att göra investeringar i ny produktionskapacitet attraktiva? Om det finns ledig kapacitet på en avreglerad marknad *kommer* priser som grundas på kortsiktiga marginalkostnader att ligga under de långsiktiga marginalkostnaderna för att bygga ut systemet. Om företag genom utövande av marknadsmakt driver upp priset betalar konsumenterna mer än nödvändigt på kort sikt, men de kommer fortfarande att betala mindre än vad som kunde förväntas på medellång eller lång sikt. I den utsträckning som efterfrågan på el är kopplad till hushållens beslut att köpa elförbrukande apparater kan utövandet av marknadsmakt faktiskt ge konsumenterna bättre signaler om valens långsiktiga kostnader. Den fundamentala frågan är huruvida en marknad bara är en verklig konkurrensmarknad om priserna är lika med marginalkostnaderna, eller om prisnivån i förhållande till genomsnittskostnaderna också är relevant. I det senare fallet bör vi kanske oroa oss mindre för effekterna av marknadsinflytande när priserna ligger under genomsnittskostnaden, och mer för när de ligger över.

Om företag har marknadsmakt när det finns så mycket ledig kapacitet att priset ligger under genomsnittskostnaden tyder detta emellertid på att de kommer att ha en mycket större förmåga att höja priset när kapacitetssituationen blir mer ansträngd. Med andra ord, även om den omedelbara inverkan av marknadsmakt kan vara mindre när priset är lågt bör det ses som en varning om att värre problem kan dyka upp i framtiden. Bushnell m.fl. (2004) visar, att samtidigt som det utövades mycket mer marknadsmakt i Kalifornien under 2000 än under 1998 eller 1999, så berodde detta inte så mycket på en förändring av påslaget vid en viss efterfrågenivå (i relation till kapaciteten) utan på en mycket högre genomsnittlig efterfrågenivå under 2000.

En nyckelfråga är hur stor marknaden är. När det inte finns några överföringsbegränsningar måste svenska producenter konkurrera med alla andra företag på Nord Pool, vilket innebär att de har att göra med en verklig konkurrensmarknad. Vid andra tillfällen kan överföringsbegränsningar bli bindande på alla ledningar som förbinder Sverige med andra länder. Vid sådana tillfällen står Vattenfall för cirka hälften av den isolerade svenska marknaden, och marknadsmakt kan vara ett allvarligt problem. Så hur stor är marknaden?

Figur 7.1 och 7.2 visar hur stor kapaciteten var inom samma Nord Pool-prisområde som Sverige, ordnade per timme under respektive

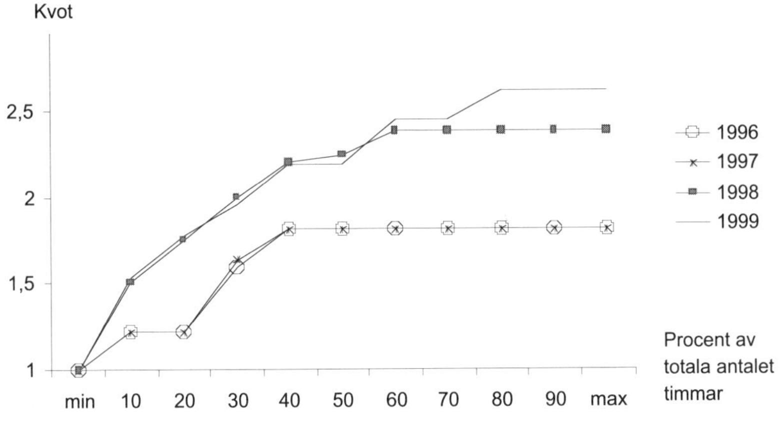


Källa: Egna beräkningar.

FIGUR 7.1. Nord Pools påverkan på kapaciteten: kvoten mellan kapacitet inom Sveriges prisområde och kapacitet inom Sverige.

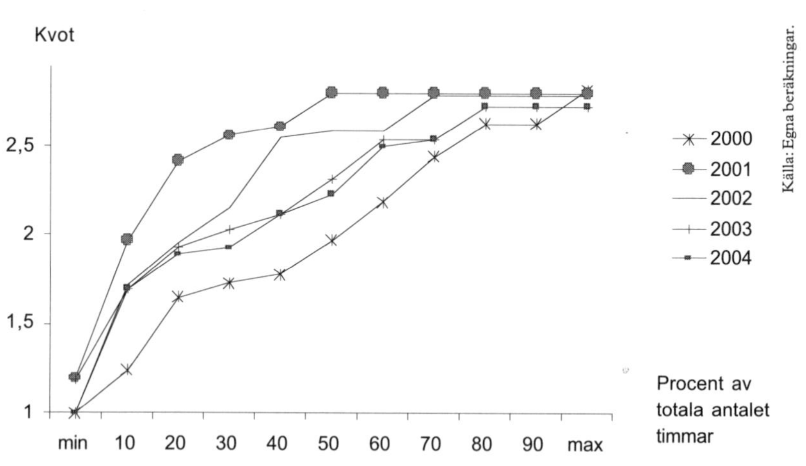


FIGUR 7.2. Nord Pools påverkan på kapaciteten: kvoten mellan kapacitet inom Sveriges prisområde och kapacitet i Sverige.

år. Figurerna beaktar inte den import som skulle kunna konkurrera med svensk produktion, även via begränsade överföringar, och utgör därför en underskattning av den marknadsexpansion som Nord Pool innebär. Så även under de år då Sverige var ett eget prisområde under några timmar hade svenska producenter viss konkurrens från import. Men under de flesta timmarna är det få överföringsbegränsningar som är bindande och kapaciteten inom det svenska prisområdet är mycket större. Under exempelvis 1996 och 1997 (de två linjerna längst ner i figur 7.1 som nästan ligger ovanpå varandra) tillfördes norsk kapacitet motsvarande 80 procent av den svenska marknaden under 60 procent av tiden (från 40:e percentilen och uppåt). Under 2001, när det förekom ovanligt få överföringsbegränsningar, fördubblades den svenska marknaden under nästan 90 procent av timmarna, och tredubblades under hälften av tiden. Även under 2000, när stor nederbörd ledde till stor vattenkraftproduktion och många överföringsbegränsningar (den i huvudsak diagonala linje som går genom figurens mitt) fördubblades marknadsstorleken under hälften av timmarna. Tabell 7.2 visar siffrorna för utvalda timmar under respektive år.

Ett annat sätt att bedöma effekten av överföringsbegränsningar är att bedöma vilka prisskillnader de ger upphov till.

TABELL 7.2. Kapaciteten inom samma prisområde som Sverige, i relation till kapaciteten inom Sverige.

| | *Lägst* | *10:e percentilen* | *50:e percentilen* | *80:e percentilen* | *Högst* |
|---|---|---|---|---|---|
| 1996 | 1,00 | 1,22 | 1,81 | 1,81 | 1,81 |
| 1997 | 1,00 | 1,22 | 1,81 | 1,81 | 1,81 |
| 1998 | 1,00 | 1,51 | 2,24 | 2,38 | 2,38 |
| 1999 | 1,00 | 1,53 | 2,19 | 2,61 | 2,61 |
| 2000 | 1,00 | 1,24 | 1,97 | 2,63 | 2,82 |
| 2001 | 1,00 | 1,97 | 2,80 | 2,80 | 2,80 |
| 2002 | 1,00 | 1,72 | 2,59 | 2,78 | 2,78 |
| 2003 | 1,00 | 1,70 | 2,31 | 2,73 | 2,73 |
| 2004 | 1,00 | 1,70 | 2,23 | 2,73 | 2,73 |

Källa: Egna beräkningar.

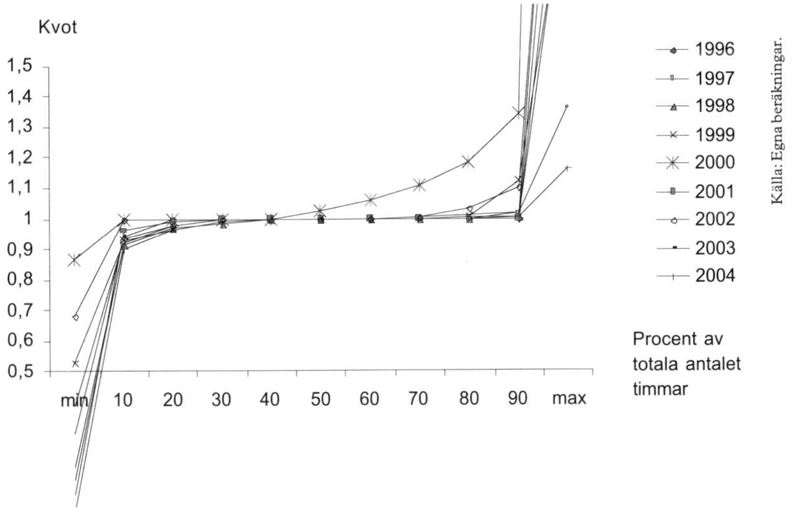


FIGUR 7.3. Det svenska priset i relation till systempriset.

Figur 7.3 visar priset i Sverige i relation till Nord Pools systempris, återigen ordnade per timme. Kurvorna är svåra att skilja åt, men det är också vad vi vill visa på. Så gott som varje år låg priset inom 10 procent från systempriset under 80 procent av timmarna eller mer. Undantaget var våtåret 2000. Priset i Sverige låg ofta över systempriset eftersom exporten från Norge (med ett överskott på vattenkraft) påverkades av överföringsbegränsningar. Trots detta var det genomsnittliga priset under året lägre än under de flesta andra år. Under 2000 var priset mycket högt vid några tillfällen, särskilt i slutet av maj 2000, när priset nådde cirka 800 norska kronor per MWh under två timmar. Finland drabbades emellertid av exakt samma pris vid den tidpunkten, vilket tyder på att orsaken inte var marknadsmakt i Sverige enbart. Återigen, tabellens uppgifter gäller några timmar under samtliga år.

Sammanfattningsvis kan vi konstatera att Sverige vanligtvis är en del av ett tillräckligt stort prisområde för att de svenska producenterna ska känna av en omfattande konkurrens, och har ett pris som ligger nära systempriset, vilket tyder på att överföringsbegränsningarna har liten betydelse för resultatet på marknaden. Under vissa timmar är emellertid Sverige del av en mycket mindre och mer koncentrerad marknad, med priser som ligger betydligt högre än de inom resten av Nord Pool. Dessutom är det så, att om det fanns timmar då de svenska producenterna borde ha varit exportbegränsade, och mött ett pris lägre än systempriset, men höll igen produktionen för att begränsa flödena så att man blev kvar inom ett större prisområde, så skulle vi inte kunna upptäcka detta. Vi drar slutsatsen att marknaden vanligtvis är en konkurrensmarknad men att konkurrensmyndigheterna bör förbli på sin vakt gentemot oförklarligt höga priser.

TABELL 7.3. Priset i Sverige i relation till systempriset.

| | *Lägst* | 10:*e percentilen* | 20:*e percentilen* | 80:*e percentilen* | 90:*e percentilen* | *Högst* |
|---|---|---|---|---|---|---|
| 1996 | 0,388 | 0,935 | 0,979 | 1,000 | 1,000 | 2,746 |
| 1997 | 0,141 | 0,922 | 0,974 | 1,000 | 1,016 | 1,358 |
| 1998 | 0,184 | 0,913 | 0,966 | 1,000 | 1,002 | 2,121 |
| 1999 | 0,528 | 0,929 | 0,963 | 1,005 | 1,121 | 2,089 |
| 2000 | 0,864 | 1,000 | 1,000 | 1,179 | 1,342 | 6,839 |
| 2001 | 0,098 | 0,962 | 0,993 | 1,000 | 1,000 | 2,369 |
| 2002 | 0,682 | 1,000 | 1,000 | 1,032 | 1,103 | 3,089 |
| 2003 | 0,296 | 0,942 | 0,996 | 1,007 | 1,018 | 3,101 |
| 2004 | 0,039 | 0,898 | 0,965 | 1,002 | 1,006 | 1,159 |

Källa: Egna beräkningar.

## Marknadsmakt på slutkundmarknaden

De flesta studier om företags inflytande på elmarknaden har inriktats på råkraftmarknaderna. På slutkundmarknaderna för stora kunder är konkurrensen vanligtvis tämligen skarp – inträdesbarriärerna är låga och kunderna är kompetenta företag som klarar att se sig omkring för att få bra avtal. Slutkundmarknaderna för de små kunderna har däremot inte varit öppna för effektiv konkurrens lika länge och det har därför inte funnits underlag för att utvärdera hur skarp konkurrensen är. Sturluson (2003) innehåller emellertid två uppsatser i detta ämne. Utmaningen för ekonomer består i att förklara varför inte konsumenter byter till en billigare leverantör när möjligheten (vanligen) finns till hands. Ett svar är att människor räknar med att det kommer att vara kostsamt på ett eller annat sätt – för tidsåtgången att söka en ny leverantör och kanske att reda ut härvan om allt går snett – och att många konsumenter överskattar dessa byteskostnader. Detta innebär att de inte försöker byta och aldrig upptäcker att det oftast är enkelt.

Utifrån svenska data från 2000 (förvisso ganska nyss efter att slutkundmarknaden öppnades för kunder utan särskild mätutrustning) beräknar han kundernas förväntade byteskostnader (och sökkostnader för att aktivt ta reda på vilken leverantör som är billigast) och drar slutsatser om kundens beteende utifrån dessa. Han visar att många konsumenter hade höga (förväntade) kostnader för att byta, vilket var tillräckligt för att få dem att avstå från att byta leverantör, utifrån de prisbesparingar som då var möjliga. I den andra uppsatsen visas att dessa sök- och byteskostnader möjliggör för befintliga leverantörer att på ett vinstgivande sätt ha kvar priserna en bra bit över kostnadstäckning.

Vi känner inte till några senare undersökningar av marknadsmakt på den svenska slutkundmarknaden för el i Sverige. Vi kan räkna med att problemen minskar med tiden – konsumenterna har haft mer tid att vänja sig vid tanken på att byta leverantör (eller omförhandla sina avtal). Men det är värt att påpeka att den brittiska elmarknaden, som varit öppen för konkurrens något längre än den svenska, också visar tecken på att befintliga leverantörer har inflytande över marknaden (Waddams Price, 2005).

Det finns främst två indikatorer på marknadsmakt på slutkundmarknaden, och båda visas i figur 7.4. Den första är prisskillnaden mellan kunder som bytt leverantör (eller omförhandlat avtalet) och de som inte gjort det, vilket vi behandlar nedan. Den andra är marginalen mellan slutkund- och råkraftpris. Om vi jämför förändringarna av råkraftpriset på Nord Pool med de genomsnittliga elpriser som industrikunder betalar (baserat på dem som bytt eller omförhandlat, vilket är en bred majoritet), kan vi konstatera att slutkundpriset fluktuerade mindre än råkraftpriset under större delen av perioden. Detta är vad man kunnat vänta sig eftersom leverantörer sätter priset utifrån såväl sina genomsnittskostnader som sina marginalkostnader, och de förra kommer att utjämnas av långtidskontrakt, medan långa avtal som tecknats med kunder kommer att dämpa rörelser i det genomsnittliga pris som betalas av slutkunderna. Priset till industrikunder stiger också över Nord Pool-priset (när även detta är som högst) under 2003, men som visades i figur 3.1 föll de snabbt tillbaka efteråt. Grundat på ovanstående diskussion förefaller elpriserna för industrikunder att vara relativt konkurrensutsatta.

Den andra kontrollen av hur skarp konkurrensen är på slutkundmarknaden innebär att man jämför erfarenheterna bland kunder som bytte leverantör eller som omförhandlade sina avtal med de som inte gjorde så. Figur 7.4 visar tydligt att priset för hushållskunder som inte bytte leverantör har varit högre än för kunder som bytte. Priser för kunder som bytte konvergerade gradvis till industrikundernas priser. Vi har redan hävdat att det är rimligt att bedöma dessa priser som

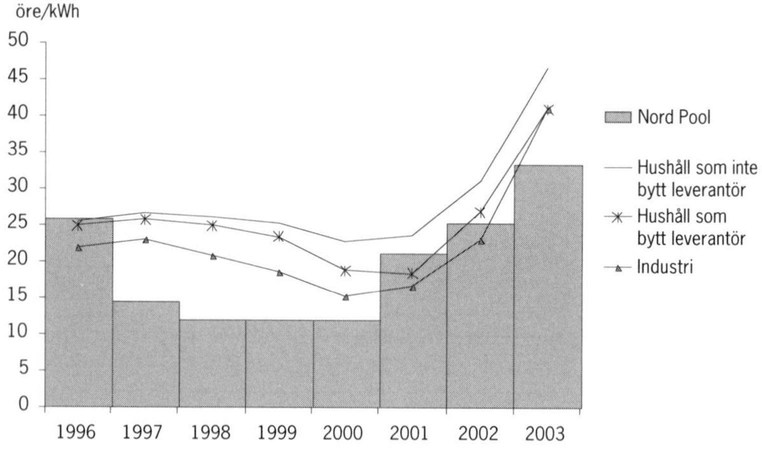


Källa: Egna beräkningar utifrån data från SCB och Nord Pool.

FIGUR 7.4. Svenska elpriser.

konkurrensutsatta, baserat på deras samband med producentpriserna, och det faktum att praktiskt taget alla industrikunder antingen bytt eller omförhandlat sina avtal. Detta tyder på att priset för de hushåll som bytt också blev konkurrensutsatt under den här perioden. Därav följer att priset för hushåll som inte bytt definitivt låg över den konkurrensutsatta nivån.

Vi såg i kapitel 2 att cirka 30 procent av alla kunder (volymmässigt) hade bytt leverantör och att ytterligare 25 procent hade omförhandlat avtalet med sin befintliga leverantör. Hushållskunder med en sammanlagd årlig förbrukning strax över 2,5 TWh bytte leverantör under det knappa året från april 2004 till och med februari 2005, vilket motsvarar 7 procent av gruppens årliga konsumtion. För en befintlig leverantör beror lönsamheten av att hålla höga priser på hur denna bytesfrekvens varierar med prisnivån, och på marginalen mellan leverantörens elpris och de rörliga kostnaderna. Om samtliga de 6 procent som bytte sökte sig bort från befintliga leverantörer skulle det innebära en förlust av en tiondel av deras återstående marknadsandel (som är 70 procent om man tar med i beräkningen de 30 procent som bytt), eller nästan en sjättedel av deras försäljning till kunder som inte bytt eller omförhandlat (45 procent av marknaden). Att förlora en sjättedel av denna försäljning kan förefalla dramatiskt, men kan vara lönande för ett företag om det innebär att det har marginaler på sin övriga försäljning som var mer än en femtedel högre (eftersom 1,2 gånger 0,85 = 1,02).[2]

Elpriset är mer än 10 procent högre för kunder som inte bytt än för de som har bytt, medan råkraftpriset på el är mycket mer än hälften av slutkundpriset. Detta tyder på att marginalerna på försäljning till kunder som inte bytt leverantör måste vara mer än 20 procent högre än marginalerna på försäljning till kunder som bytt. Slutsatsen är att det mycket väl kan ha varit mer lönande för befintliga leverantörer att ha behållit sina höga priser, trots den förlust av marknadsandelar som det innebar, än att ha försvarat sina marknadsandelar genom att sänka priset till de nivåer som kunderna som bytte fick.

Detta är en besvärande slutsats eftersom den innebär att konkurrens kanske inte ger tillräckligt skydd för konsumenter som inte byter. Konkurrens kan inte fungera om det inte finns några vinster med att byta, annars skulle naturligtvis ingen göra sig besväret. Det bästa resultatet skulle vara ett där byteskostnaderna upplevdes som låga och där det förekom tillräckligt många byten, till en relativt låg kostnad, för att se till att kunder som inte bytte inte drabbades av någon betydande försämring i förhållande till de som bytt. Även om en skillnad på 10 procent på elpriset kanske innebär en ganska liten skillnad i det slutliga priset (eftersom nätavgifter och energiskatter är desamma för de som bytt och de som avstått från att byta), så tycker vi ändå att skillnaden är för stor.

För att öka konkurrensen och hålla nere marginalerna måste det bli så enkelt som möjligt att byta leverantör. El- och gasmarknadsutredningen (SOU 2004:129) rekommenderade att den tidsåtgång som skulle behövas för att byta leverantör skulle minskas, och vi instämmer i att detta vore önskvärt. Det kan visa sig nödvändigt att bedriva informationskampanjer för att se till så att konsumenter är medvetna om sin rättighet att byta leverantör, och hur man går till väga för att göra det – denna medvetenhet verkar ha minskat (från en inledningsvis hög nivå) i Storbritannien, efter att slutkundmarknaden öppnades. Det skulle vara svårt, och heller inte önskvärt, att återreglera slutkundpriserna när marknaden väl öppnats, men elföretag omfattas fortfarande av bestämmelserna i konkurrenslagen och myndigheterna måste vara beredda att ingripa mot någon som utnyttjar en dominerande marknadsställning genom att ta ut onödigt höga priser av kunder som inte bytt eller omförhandlat sina avtal.

## NOTER

1. Det bör emellertid noteras att det inte finns någon direkt fysisk kontakt mellan östra och västra Danmark. Det finns planer på att bygga en förbindelselänk, men något slutligt beslut har ännu inte fattats.
2. En fullständig bedömning skulle kräva en dynamisk analys som beaktade den långsiktiga utvecklingen av marknadsandelar.

# 8. Bör Sverige ha regionala råkraftpriser?

Frågan om att eventuellt skapa prisområden inom Sverige hänger samman med i vilken omfattning som kostnaderna för att leverera kraft varierar mellan landsändarna. Om flödena i nätet är små, så varierar inte kostnaderna särskilt mycket från plats till plats. Om emellertid flödena är stora kan en betydande del av kraften gå förlorad under överföringen, genom att ledningarna värms upp. Dessutom är den marginella förlusten från varje ökning av flödet dubbelt så stor som den genomsnittliga förlusten, eftersom förlusterna är kopplade till flödena i kvadrat. Med andra ord, om 5 MW går förlorade när flödet är 100 MW, skulle en ökning av flödet med 10 MW till 110 MW öka förlusten med 1 MW till 6 MW. Vid vissa tillfällen klarar inte nätet att säkert leverera all den kraft som avlägsna anläggningar skulle vilja producera, och en dyrare produktion, som ligger närmare, måste användas i stället.

Överföringsförluster och -begränsningar innebär därför att det vanligen blir billigare att leverera kraft till ett område i närheten av lågkostnadsanläggningar, än till områden som ligger längre bort. Den väsentliga principen på en avreglerad marknad är att priser ska reflektera kostnader. Innebär det att råkraftpriser bör tillåtas variera mellan olika regioner inom Sverige, på samma sätt som de kan skilja mellan Norge och Sverige när överföringsbegränsningar är bindande?

## Fördelar med prisområden

Det finns fyra viktiga fördelar med att införa prisområden i Sverige. För det första skulle det ge konsumenterna en klarare bild av de faktiska kostnaderna för att förse dem med el. För närvarande kan en del konsumenter systematiskt betala för mycket för sin el, medan andra i själva verket subventioneras. Frågan är hur stora dessa prisskillnader skulle bli och om de skulle vara bestående över tid. Kraftflöden inom Sverige påverkas av nivån på vattenkraftproduktionen, som är koncentrerad till norra delen av landet. Om priset i norra Sverige skulle vara lägre under toppbelastning, när vattenkraftproduktionen drivs maximalt, men högre under tider med lägre efterfrågan, när vattenkraftproduktionen är lägre, skulle det genomsnittliga priset inte behöva påverkas så mycket. I sådana fall skulle kunder som bara betalar ett genomsnittspris inte uppleva någon skillnad genom regional prissättning. Det skulle inte innebära någon skada, men heller inte göra mycket nytta.

För det andra skulle marknadsaktörerna få mer korrekta signaler om värdet på sin produktion. Producenterna i områden som normalt importerar kraft skulle få högre priser än de i områden som vanligen exporterar den. Detta skulle kunna ge incitament att bygga nya kraftverk närmare användarna för att minska överföringskostnaderna.[1] För närvarande måste emellertid Svenska Kraftnät lösa överföringsbegränsningar genom mothandel. Detta ger ytterligare intäkter till producenter som finns i importbegränsade områden, eftersom de kan ta ut relativt höga priser för att öka sin produktion. Detta är en signal i rätt riktning. Konsumenter kan komma att få ersättning för att minska sin efterfrågan, och det fungerar också som en signal om höga marginalkostnader på energi i dessa områden. I exportbegränsade områden däremot, där priserna borde vara låga för att inte uppmuntra till ytterligare kapacitetsinvesteringar, kommer en del producenter att kunna öka sina vinster när de får betalt för att minska sitt utbud, vilket är att sända en fullständigt felaktig signal.

För det tredje, i ett vattenkraftbaserat system ger mothandel inte incitament till korrekt vattenanvändning, givet resursläget i ett område. Tänk exempelvis på en situation där det finns en sannolikhet för ett högt vattentillflöde i ett område, i ett läge med liten ledig kapacitet i vattenmagasinen. Om producenterna i ett potentiellt överskottsområde förväntar sig detta tillflöde kommer de att öka sin vattenkraftproduktion i förväg, eftersom flaskhalsar kommer att leda till mycket låga priser i området, vilket leder till förlust för producenterna.

Med mothandel saknas dessa incitament i hög utsträckning, eftersom de i viss mån är garanterade »systempriset« och får betalt utan att producera så mycket som de skulle kunna göra. Eftersom producenterna inte har några incitament att beakta eventuella flaskhalsar när de använder vattnet, är det mycket troligt att mothandel kommer att orsaka större flaskhalsar jämfört med vad prisområden gör.

På motsvarande sätt är incitamenten för producenterna i ett potentiellt underskottsområde små vad gäller att spara vatten, om de inte får ett högre pris när det uppstår (regionalt) underskott.

För det fjärde skulle Svenska Kraftnät ställas inför mer konsistenta incitament. För närvarande kommer Nord Pool, om det är trängsel i ledningarna över nationsgränsen, att tillkännage två separata prisområden, och nätföretagen kommer att få trängselavgifter på varje MWh som förs över gränsen. Om det är trängsel i ledningarna inom Sverige måste Svenska Kraftnät lösa upp denna genom mothandel. Detta är dyrt eftersom man måste betala mer för den kraft som köps i importområdet än vad man får för den kraft som säljs till exportområdet. Detta ger Svenska Kraftnät incitament hitta trängsel vid landets gränser, snarare än inom Sverige (Glachant och Pignon, 2005) och flyttandet av flaskhalsar till nationsgränser förekommer också. Vi menar att man bör försöka undvika att skapa snedvridande incitament och sikta på att bli av med dem som redan finns.

Å andra sidan, även om det är sant att mothandel ger incitament att flytta flaskhalsar till nationsgränsen, så ger den också incitament att försöka minska inhemska flaskhalsar, exempelvis genom kapacitetsökningar. Kostnaden för systemoperatören att hantera flaskhalsar genom mothandel kan emellertid vara högre än den samhällsekonomiska kostnaden för flaskhalsarna, vilket visas i figur 8.1. Antag att vi har två områden med begränsade tillförselledningar mellan områdena. Efterfrågan är mycket lägre, i förhållande till utbudet, i »överskottsområdet«, som visas till vänster i figuren, än den är i »underskottsområdet«, till höger i figuren. Detta antyder att kraft kommer att exporteras från överskottsområdet till underskottsområdet.

Om det fanns tillräckligt mycket överföringskapacitet, och därmed inga flaskhalsar, skulle det beräknade systempriset vara $P_S$. Med det priset skulle producenterna i överskottsområdet vara villiga att producera $Q_1$ och producenterna i underskottsområdet $Q_2$. Exporten från överskottsområdet skulle vara lika stor som importen i underskottsområdet. Om det emellertid finns för lite överföringskapacitet är denna handel inte möjlig. Produktionen i överskottsområdet tvingas minska till $Q_{1r}$ och producenterna i underskottsområdet tvingas öka sin produktion till $Q_{2r}$. Förändringarna av utbudet är lika stora och omvända, vilket visas med pilarna nedanför den horisontella axeln.

Detta utbudsmönster är fysik, men handelssystemet för el bestämmer hur producenterna får betalt för det.

Med det svenska mothandelssystemet skulle systemoperatören tvingas betala producenter i underskottsområdet för uppreglering och varje producent skulle få det pris som sattes av den dyraste anläggning som krävdes, P2. I överskottsområdet krävs nedreglering och producenter kan i praktiken köpa tillbaka sin produktion från systemoperatören till det pris som bestäms av den billigaste anläggning som används, P1. Systemoperatören måste därmed betala den mängd som visas av området med vertikala linjer i rutan till vänster. Notera att området med vertikala linjer upphör vid botten av de skuggade trianglarna i den vänstra rutan, medan den fortsätter upp till toppen av trianglarna i den högra rutan. Den nettobetalning som systemoperatören gör motsvarar skillnaden mellan dessa två områden, som utgörs av de fyra skuggade trianglarna.

Den verkliga ekonomiska kostnaden för flaskhalsen är den ökning av produktionskostnaderna som orsakas av att man ersätter billigare anläggningar i överskottsområdet med dyrare i underskottsområdet. Detta anges med de två mörkare skuggade trianglarna (över utbuds-

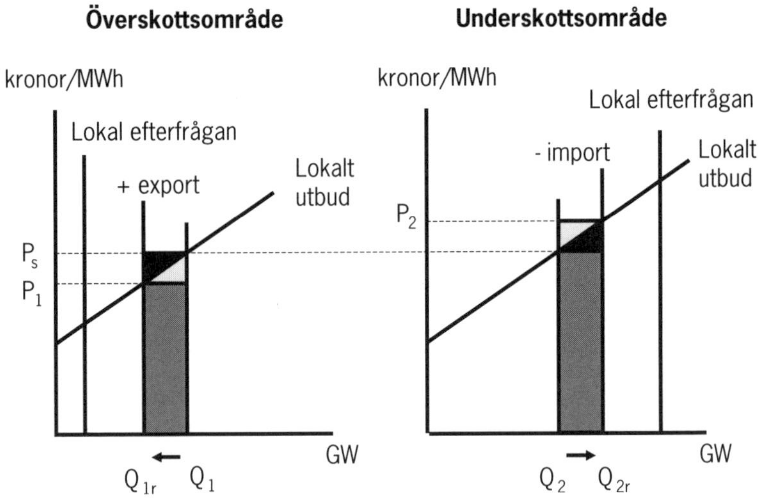


FIGUR 8.1. Kostnader för att hantera flaskhalsar genom mothandel.

kurvan i överskottsområdet och under utbudskurvan i underskottsområdet), och uppgår till mindre än systemoperatörens kostnad. I detta helt linjära exempel är samhällets kostnad hälften av systemoperatörens kostnad, men det är inget generellt resultat. Men den samhällsekonomiska kostnaden kommer helt klart att bli lägre än systemoperatörens kostnad för mothandel, utom i mycket speciella fall. Det svenska systemet med mothandel kan därmed ge systemoperatören överdrivet starka incitament att exempelvis investera i nya förbindelselänkar.

Med prisområden får systemoperatören i stället intäkter från flaskhalsarna genom att köpa billig kraft i överskottsområden och sälja dyr kraft i underskottsområden. Borttagandet av flaskhalsar skulle då innebära ett bortfall av sådana intäkter. Om frågan gäller att bygga en ny förbindelselänk, som inte helt tar bort en flaskhals, kommer flaskhalsintäkterna i stället att bli en källa till intäkter för systemoperatören som skapar incitament till investeringar. Det finns emellertid en fara med att systemoperatören skulle vilja bygga en ineffektiv, liten förbindelselänk, som ger en oönskat hög prisskillnad kring flaskhalsen, för att maximera sina intäkter.

Resonemanget ovan bygger på en helt statisk syn och beaktar inte effekter av investeringar eller användandet av vattnet i ett vattenkraftbaserat system. Dessutom, med mothandel kan det finnas möjligheter för producenter att lämna bud som är »strategiska«. Alla producenter i ett underskottsområde har ett intresse av att erhålla det högre uppreglerade priset snarare än det lägre systempriset. De kan därför försöka bjuda på ett sådant sätt att de ombeds producera via uppregleringen och inte via den ursprungliga marknadsclearingen. Detta innebär att man bjuder högre än det förväntade systempriset. Producenter i ett överskottsområde, som har högre marginalkostnader än systempriset (och som därför skulle vilja låta bli att producera), har samtidigt incitament att lämna bud på ett sätt som gör att de accepteras på den ursprungliga clearingmarknaden, men som senare blir nedreglerade.

Detta kan avsevärt öka systemoperatörens kostnad för mothandel, eftersom en mycket större volym måste upp- och nedregleras. I princip kan buden förändras så att hela volymen behöver upp- och nedregleras av systemoperatören. I praktiken är sådana extrema effekter mindre troliga. Kostnaderna för en producent, att antingen »tvingas« producera eller inte få producera trots att denne faktiskt planerat att göra detta, kan vara mycket höga. Eftersom strategiska bud innehåller ett risktagande kan det finnas en del producenter som inte är villiga att chansa att detta händer. Ju närmare den ursprungliga clearingmarknaden som upp- och nedregleringen beslutas, desto större är möjligheterna för denna typ av strategisk budgivning. Nackdelen med att flytta upp- och nedregleringen närmare tiden för produktion är att färre producenter då har möjlighet att lämna bud på reglermarknaden, vilket leder till högre reglerkostnad.

En annan viktig effekt av den här typen av strategiska bud är att vi inte längre är säkra på att få en effektiv expediering, dvs. att de billigaste, tillgängliga anläggningarna används först. Detta beror helt enkelt på att det är troligt att påslagen i relation till marginalkostnaden kommer att variera mellan olika företag.

Nackdelarna med att skapa prisområden inom Sverige är att det troligen kommer att skapa både vinnare och förlorare. Producenter i exportområden, och konsumenter i importområden, skulle förlora, medan producenter i importområden och konsumenter i exportområden skulle vinna. Överföringarna mellan dessa grupper är troligen mycket större än nettovinsten för samhället. Ett vanligt mönster i politisk ekonomi är att förlorarna lägger märke mer till sina förluster än vad vinnarna gör med sina vinster. Detta gör det svårt att genomföra förändringar, som att t.ex. införa prisområden.

Det finns också en normativ fråga – ska priset på el vara beroende av var du bor, eller ska det betraktas som en nyttighet som bör vara tillgänglig för alla, på lika villkor?

Green (2004) beräknar storleken på vinsterna med att införa regionala överföringspriser i England och Wales. Denna marknad (utformad 1996/97) hade ständiga flöden från norr till söder, genomsnittliga överföringsförluster på cirka 1,5 procent av efterfrågan och trängselkostnader på cirka 1 procent av råkraftmarknadens omsättning. Han kommer fram till att en välfärdsvinst på 1,5 procent av omsättningen på råkraftmarknaden skulle ha uppnåtts om ett system med regionala överföringspriser hade införts, även om detta också skulle ha skapat avsevärda vinster för konsumenterna i norr och producenterna i söder. Regionala överföringspriser skulle också ha varit mindre känsliga för förekomsten av företag med dominerande ställning på marknaden, än den kombination av enhetlig prissättning och mothandel som faktiskt användes.

## Möjliga prisområden på den nordiska elmarknaden

Flaskhalsar inom den nordiska elmarknaden behandlas för närvarande på två olika sätt: uppdelning av marknaden i prisområden eller mothandel. Dessa metoder kompletterar också varandra i många fall.

Den nordiska elmarknaden delas normalt in i sju prisområden: södra Norge, mellersta Norge, norra Norge, östra Danmark, västra Danmark, Finland och Sverige. Den befintliga prisområdesstrukturen på den nordiska elmarknaden framgår av figur 8.2.

Sverige delas aldrig in i prisområden, utan motköp tillämpas alltid. Samma förhållande råder i Finland. Danmark består av två prisom-

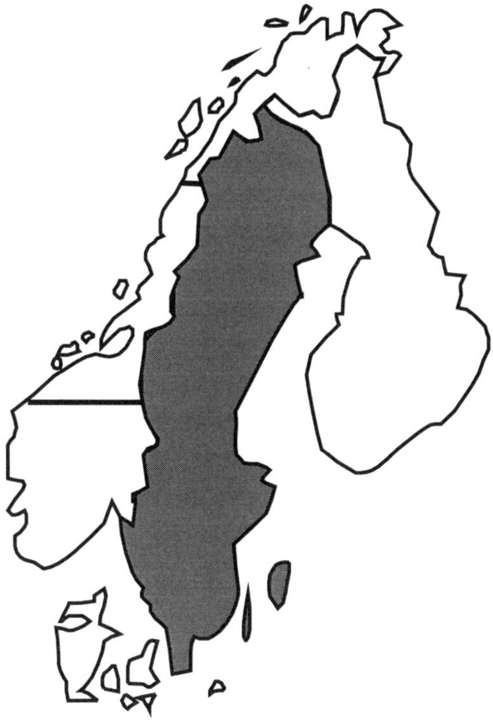

FIGUR 8.2. Nuvarande prisområdesstruktur på den nordiska elmarknaden.

råden: västra Danmark (Jylland) och östra Danmark (Själland), som inte är direkt fysiskt förbundna med varandra.

I Norge ställer energilagen krav på att systemoperatören, Statnett, ska dela in Norge i flera områden när energibrist förväntas i ett visst geografiskt område, eller för att hantera stora och utdragna flaskhalsar. Antalet prisområden i Norge varierar alltså. I skrivande stund är Norge exempelvis indelat i två prisområden och under vintern 2002/03 (från 16 december 2002 till 2 juni 2003) var Norge indelat i fyra prisområden.

Detta innebär emellertid inte att Norge helt litar till användningen av prisområden. Tvärtom är kostnaden för mothandel (inom prisområden) högre för den norska systemoperatören, än vad den är för den svenska (Nordel, 2004).

Det finns en pågående diskussion om huruvida Sverige bör delas in i flera prisområden. I en rapport från Nordel (2002b) föreslogs att nya prisområden på den nordiska spotmarknaden skulle införas och att deras gränser skulle sammanfalla närmare med nätets fysiska flaskhalsar. Det skulle innebära att Sverige delades upp i flera prisområden. Intresset från svenska marknadsaktörers sida att genomföra dessa idéer var begränsat. Energimyndigheten har också i två rapporter diskuterat åtgärder mot flaskhalsar och slutsatsen blev ett förespråkande av prisområden inom Sverige (Energimyndigheten, 2004c och 2004d). En nackdel med flera prisområden, som ofta framförs om marknadsaktörer, är att fler – och därmed också vanligen mindre – prisområden kan förstärka problem med marknadsmakt och minska likviditeten på marknaden. Det senare gäller antagligen främst likviditeten i olika finansiella kontrakt (forward-kontrakt och kanske särskilt så kallade »contracts for differences«).

Långvariga, eller åtminstone utdragna, flaskhalsar innebär att marknadsjämvikten resulterar i olika priser på de båda sidorna av flaskhalsen. Enligt vår mening bör sådana skillnader i de grundläggande utbuds- och efterfrågeförhållandena tillåtas övergå i prisskillnader. Vi anser därför att starka skäl talar för att dela upp Sverige i flera prisområden, eller snarare att låta marknaden utse de lämpliga prisområdena. När det inte är någon trängsel kommer priset att vara detsamma i alla områden, medan priserna kommer att variera när trängsel förekommer.

Den grundläggande frågan är inte om Sverige bör delas in i flera prisområden, utan hur man skapar korrekta prissignaler och en konsekvent behandling av flaskhalsar på hela marknaden. I det här kapitlet avser vi inte att presentera en specifik prisområdesstruktur för den nordiska elmarknaden, utan att peka på några olika möjligheter som kan visa sig om marknaden tillåts att fastställa prisområdena.

En möjlighet illustreras i figur 8.3. Det finns flera flaskhalsar på den nordiska elmarknaden och de olika områdena domineras också av olika teknik i produktionen. Norge domineras (nästan) helt av vattenkraft medan det i Sverige huvudsakligen är vattenkraft i norr och värmekraft i söder. Ju längre söderut vi kommer i Sverige desto mer dominerar kärnkraft och annan värmekraft. Inom Sverige finns det främst två viktiga flaskhalsar att beakta (snitt 4 delar södra och mellersta Sverige och snitt 2 delar mellersta och norra Sverige).[2] Finland domineras av kärnkraft och annan värmekraft, och i Danmark är det värmekraft även om man där också har en betydande andel vindkraft.

Ett möjligt prisområde är således att det vattenkraftdominerade norra Sverige skapar ett lågprisområde tillsammans med norra Norge. Södra Sverige är snarare ett högprisområde, dominerat av kärnkraft och annan värmekraft. Detta kan ge upphov till ett prisområde med mellersta Sverige, Finland och möjligen även södra Norge där efterfrågan är hög. Om överföringskapaciteten till Jylland stärks kan Jylland bli en del av samma område. I söder skulle vi ha ett prisområde som består av södra Sverige och Själland.

Detta skulle för Sveriges del leda till en struktur med producenter som i dag är aktiva inom flera prisområden (utifrån sin nuvarande lokalisering). Möjligen skulle detta även kunna leda till fler producenter inom varje prisområde, jämfört med dagens situation, eftersom flera länder förenas inom varje prisområde. En uppdelning av Sverige i fler prisområden skulle alltså inte nödvändigtvis leda till mindre prisområden utan helt enkelt till annorlunda prisområden.

Det pågår också en diskussion om att stärka transmissionskapaciteten mellan de nordiska länderna. Nordel har pekat ut fem prioriterade snitt. Dessa är mellan mellersta och södra Sverige (snitt 4), mellan Sverige och Finland (Fennoskan), mellan Sverige och Norge (Nea-Järpströmmen), mellan Norge och Jylland (Skagerack) och mellan östra och västra Danmark (Stora Bält). Den totala kostnaden för dessa fem projekt beräknas till 940 miljoner euro. Det har föreslagits att investeringarna ska finansieras genom att använda trängselavgifter

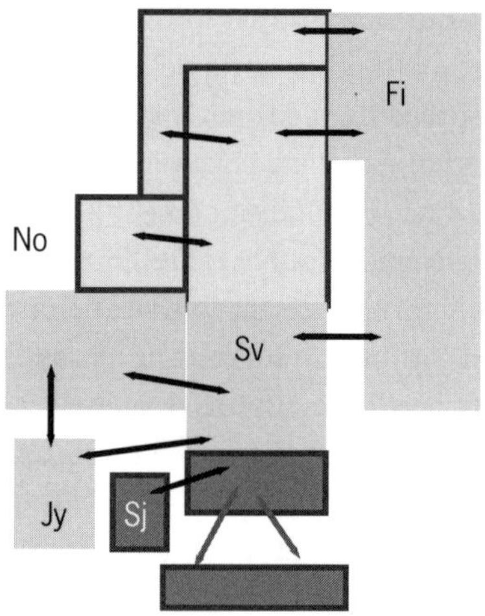


FIGUR 8.3. Möjlig prisområdesstruktur för den nordiska elmarknaden – alternativ A.

inom det nordiska systemet (Nordel, 2005).

Även i dagsläget har Sverige, Finland och Själland ofta samma pris. Att stärka överföringskapaciteten mellan dessa områden skulle öka möjligheterna för att dessa områden i ännu högre grad skulle utgöra ett gemensamt prisområde, vilket illustreras i figur 8.4.

Om överföringskapaciteten ökar så att ihållande flaskhalsar mellan vissa områden utplånas kan det emellertid också vara motiverat att skapa nya prisområden, kanhända enligt något av de föreslagna alternativen ovan. Som nämnts tidigare verkar många marknadsaktörer, åtminstone i Sverige, föredra stora prisområden. I den här boken har vi inte analyserat huruvida exempelvis oron för bristande likviditet på marknader med mindre prisområden är motiverad. Om prisområden är administrativt beslutade, enligt något av förslagen ovan, skulle det troligen kräva viss användning av mothandel. Som diskuterades tidigare kan mothandel också leda till exempelvis strategiska bud, vilket kan öka kostnaderna för mothandel väsentligt. Det skulle därför bli nödvändigt att hitta metoder för att hantera en möjlig situation med

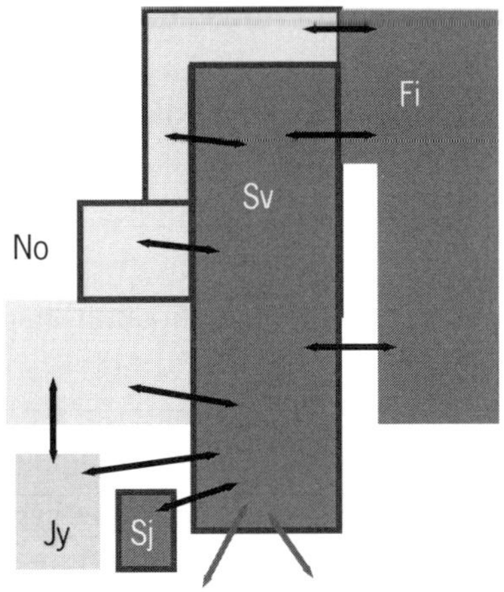


FIGUR 8.4. Tänkbar prisområdesstruktur för den nordiska elmarknaden – alternativ B.

omfattande strategiska bud, exempelvis genom att dela området i flera prisområden.

Särskilt om Sverige bibehålls som ett prisområde, är det dessutom viktigt att hitta metoder som sänder korrekta signaler för att garantera effektiva investeringar. Detta är antagligen särskilt viktigt om omfattande investeringar i vindkraft ska äga rum.

Diskussionen ovan utgår också ifrån nuvarande lokalisering av produktionsanläggningar. Planen för utfasning av kärnkraften i Sverige kan förändra detta avsevärt. Finland bygger samtidigt sin femte kärnkraftreaktor. Frånsett detta och de subventionerade investeringarna i förnybara energikällor (vindkraft, biobränslen etc.) kommer dessutom investeringar i ny produktion troligen att ske i form av gaskombikraftverk (s.k. combined cycle gas turbines, CCGT). Med tanke på att gaspriserna är avsevärt mycket lägre i Norge än i Sverige, på grund av lägre transportkostnader för gas, är det troligt att dessa investeringar äger rum på Norges västkust. Detta kommer att öka Sydsveriges importberoende vilket kräver antingen högre priser eller större överföringskapacitet. Om Sydsverige är en del av ett stort prisområde, exempelvis resten av Sverige eller ännu större, kommer antagligen omfattande mothandel att bli nödvändig. Med ett eget prisområde i Sydsverige skulle priset i stället öka vilket kunde leda till att investeringar flyttades dit från andra områden. Behovet av framtida investeringar och betydelsen av lokaliseringen av dessa investeringar utgör alltså en annan tänkbar anledning att låta marknaden bestämma uppdelningen i prisområden. Det finns naturligtvis andra faktorer som är viktiga i samband med lokaliseringsbeslut, men på marginalen skapar kostnadsriktiga prisskillnader mellan områden bättre incitament.

En annan möjlighet skulle kunna vara att bygga gasöverföringskapacitet från Norge till Sverige. Svenska gaspriser skulle ändå bli högre än de norska, men det skulle mycket väl kunna bli mer kostnadseffektivt att överföra gasen än att överföra elen – kostnaderna för gasöverföring är mycket lägre än för elöverföring, även när man tagit hänsyn till energiförlusterna vid produktionen.

Vi är emellertid inte säkra på att investeringsincitamenten kommer att leda till rätt investeringsmönster, när det gäller valet mellan investeringar i t.ex. gas- och elöverföring. Om elsystemoperatörerna bygger ny kapacitet »när så behövs«, dvs. när trängseln är tillräckligt allvarlig och kostnaderna för dessa investeringar sprids över hela marknaden via avgifterna, kan de komma till stånd före investeringarna i gasöverföring. Så skulle framför allt bli fallet om sådana investeringar ska byggas på marknadens villkor, vilket är den politiska linje som hittills gällt i Sverige. En betydande investering av elöverföringskapaciteten skulle minska prisskillnaden mellan områdena, och minska lönsamheten av investeringar i underskottsområdet. Det kan alltså finnas anledning att samordna investeringsbeslut rörande överföringskapacitet för gas och el och att se till så att dessa investeringsbeslut bygger på samma investeringskriterier.

## NOTER

1. Lägre överföringskostnader är naturligtvis bara en av många faktorer som måste tas med i beräkningen när man beslutar var ett nytt kraftverk ska placeras. Behovet att hitta en lämplig plats, som är lätt att ansluta till överföringssystemet, där byggtillstånd går att få och (för värmekraftverk) det finns tillgång till bränsle och kylvatten, kan lätt uppväga betydelsen av skillnader i överföringskostnader. Dessutom, när producenter reagerar på incitament att bygga kraftverk närmare användarna faller överföringskostnaderna och därmed de prisskillnader som gav upphov till den ursprungliga signalen.
2. Snitt 4 består av fem kablar på 400 kV och en kabel på 200 kV som drar en linje ungefär mellan Ringhals kärnkraftverk på västkusten och Oskarshamns kärnkraftverk på östkusten. Kapaciteten uppgår vanligen till 2 500–4 000 MW. Snitt två skär genom Hälsingland och norra Dalarna och består av åtta kablar på 400 kV och fyra kablar på 220 kV. Kapaciteten uppgår vanligen till 6 200–7 200 MW.

# 9. Stimulans av förnybar energiproduktion

De flesta europeiska länder stöder ökad användning av förnybar energiproduktion, och Sverige är inget undantag. I kapitel 2 beskrevs det svenska systemet med gröna certifikat, som införts för att få företag att köpa en del av sin el från förnybara energikällor, så att lönsamheten kan öka hos dessa elproducenter. I det här kapitlet analyserar vi systemet och ställer frågan hur avreglering har påverkat de politiska beslutsfattarnas förmåga att främja miljöaspekter.

Införandet av EU:s system för handel med utsläppsrätter är avsett att gynna energikällor med låga koldioxidutsläpp i elproduktionen, inklusive förnybara energikällor. Systemet kommer att höja marginalkostnaden för elproduktion som ger koldioxidutsläpp, i relation till den mängd koldioxid som produceras. Antag att elpriset bestäms av marginalkostnaden för den dyraste (marginella) anläggningen som är i bruk. Då kommer priset att stiga om marginalelen kommer från en anläggning som ger koldioxidutsläpp, eller skulle ha gjort det om inte systemet funnits. Kostnaderna för producenter av förnybar energi kommer knappast att påverkas av systemet, men deras intäkter bör öka. Om priset på en utsläppsrätt sätts korrekt kan man anta att kostnaderna för koldioxidutsläppen internaliseras. Inte desto mindre kan det finnas andra argument för att stödja förnybar elproduktion, utöver det stöd som erhålls från utsläppshandelssystemet. Koldioxidutsläpp är inte heller den enda aspekten av elproduktion som kan vara långsiktigt ohållbar. Tillgången på fossila bränslen, men även uran till kärnkraftreaktorer, är begränsad och ersättning för dessa kommer så småningom att behövas. Att främja förnybar produktion nu kan förlänga tiden fram till dess. Det kan också finnas inslag av industripolitik – ett land med tillräcklig efterfrågan på förnybar energiproduktion kan kanske skapa en industri som förmår exportera till andra länder.

Den danska vindkraftindustrin är ett bra exempel på detta.[1] Vi tar därför för givet att någon form av stöd för förnybar energi, utöver den effekt som utsläppshandelssystemet ger, är ett rimligt inslag i energipolitiken.

Det viktigaste inslaget i förnybar elproduktion i det här sammanhanget, och orsaken till att stöd är nödvändigt, är att den vanligen kostar mer än el från konventionella energikällor. När elsektorn var organiserad på traditionellt vis kunde den oftast övervältra sina kostnader på konsumenterna. Det innebar att investeringar i förnybar elproduktion inte hade varit något problem om branschen beslutat sig för att göra en sådan investering, eller om de politiska beslutsfattarna hade tvingat dem att göra så. Efter avregleringen däremot har varje företag incitament att minimera sina kostnader i elproduktionen, och det finns inga garantier för att de får igen sina kostnader.[2] Detta begränsar möjligheten att främja förnybar produktion.

För det första måste stöd utformas så att kostnaderna täcks av samtliga kunder.[3] Detta kan åstadkommas genom ett åläggande på alla leverantörer eller producenter, genom att höja intäkterna från de nätavgifter som alla konsumenter betalar eller genom beskattning. Om ett åläggande enbart gäller exempelvis befintliga leverantörer, så kommer detta, på en konkurrensmarknad, att leda till att nya aktörer träder in och, genom att de inte omfattas av åläggandet, kan de erbjuda lägre priser och således ha en orättvis fördel i förhållande till de befintliga leverantörerna. På kort sikt spelar detta kanske ingen roll med tanke på de många fördelar som det innebär att vara en etablerad leverantör med en ärvd marknadsandel på kanske 100 procent, men på längre sikt kan storskaligt stöd till förnybar energi skapa en ohållbar prisskillnad.

För det andra bör stödet vara neutralt i fråga om vem som gynnas av den. Den betalning som en producent får ska bero på vad han gör och inte på vem han är, även om det han gör naturligtvis kan bestå av kloka kommersiella beslut. (Med andra ord, om producenten tecknar ett kontrakt som låser fast ett pris vid en ogynnsam tidpunkt, och andra producenter får bättre priser längre fram, så är det inte en konkurrensstörning.) På motsvarande sätt ska det belopp som en leverantör eller konventionell producent måste betala bara bero på den mängd som levereras, och inte på om han är etablerad leverantör eller en ny aktör. Dessutom skulle ett system som krävde samma belopp av samtliga företag, även om det var neutralt, innebära relativt sett större bördor för små företag.

Det finns två metoder att välja mellan för att främja förnybar energiproduktion. Den ena innebär att man höjer det pris som producenterna av förnybar energi får med ett fast belopp, antingen en bestämd summa eller ett belopp som framräknats enligt en viss formel. Hur stor kapacitet som byggs som en effekt av detta incitament beror på marknadsförhållandena. Den andra metoden går ut på att kräva av en del marknadsaktörer att de köper en viss mängd förnybar energi. Det pris de måste betala för detta bestäms av marknaden. De politiska beslutsfattarna eller myndigheterna kan med andra ord välja mellan pris och kvantitet, och marknaden kommer sedan att fastställa den andra variabeln. Hybridsystem är också möjliga – om företag tillåts betala en straffavgift i stället för att fullt ut leva upp till kvantitetskraven, så skapar detta på ett effektivt sätt en efterfrågekurva som är ett »omvänt L«. Om marginalkostnaden för att tillhandahålla den mängd förnybar energi som satts upp som mål är lägre än straffavgiften, kommer det kvantitativa målet att uppnås och marknaden kommer att fastställa priset. Om denna marginalkostnad är högre än straffavgiften, då är det straffavgiften som kommer att betalas och marknaden kommer att bestämma mängden förnybar energi.

## Det svenska systemet med gröna certifikat

Vad kan vi då, utifrån denna bakgrund, säga om den svenska metoden för att stödja förnybar energiproduktion, det system med gröna certifikat som beskrevs i kapitel 2? Rent allmänt uppfyller systemet med handel med gröna certifikat de kriterier som fastslagits ovan – alla (icke-industriella) kunder betalar en del av kostnaden och intäkterna är tillgängliga för alla producenter. Senare i detta kapitel diskuterar vi hur det pris som leverantörerna är villiga att betala kan tänkas utvecklas, men på en grön certifikat*marknad* är jämviktspriset beroende av utbudspriset – det pris som producenter behöver för att de ska producera mer – liksom av efterfrågan. I det här sammanhanget är det viktigt att notera att EU:s system för handel med utsläppsrätter kommer att höja det pris som producenter av förnybar energi erhåller, utan att det har någon större påverkan på deras kostnader. Om detta minskar det ytterligare stöd som de behöver kommer deras utbudspris, och därmed jämviktspriset på marknaden, att falla. I ett system där stödet till förnybar produktion sker via (reglerade) högre inmatningstariffer för den förnybara produktionen skulle dessa betalningar inte nödvändigtvis ha minskat när systemet för handel med utsläppsrätter introducerades om inte systemet hade utformats med detta i åtanke. Existerande förnybara energikällor skulle ha fått mer stöd än de egentligen behövde, vilket skulle ha höjt stödkostnaderna.

Kommer systemet med gröna certifikat att minimera kostnaden för att uppnå önskad nivå på förnybar energiproduktion. Rent allmänt innebär detta att den risk som systemets utformning i sig innebär för förnybar energiproduktion minimeras. Detta innebär inte att producenterna ska försäkras (via systemet) mot risker i byggkostnader, eller (för ett vindkraftverk) mängden vind – detta är risker som producenten kan påverka och om man ger allt för hög grad av försäkring kan det leda till problem.[4] Om intäkterna från systemet upplevs som osäkra kommer detta dock att öka kapitalkostnaderna för producenter av förnybar energi och därmed öka kostnaden för att bygga en given kapacitetsnivå.

Hur volatila kommer systemets intäkter att bli? Det beror på programmets utformning och en kritisk fråga är huruvida företagen tillåts spara certifikat mellan olika år. I det svenska systemet är detta tillåtet, vilket minskar intäktssvängningarna. Om den samlade elförbrukningen är hög under ett visst år, kommer efterfrågan på certifikat, som är en fast procentandel av denna förbrukning, också att vara hög. För ett år kan vi utgå ifrån att det maximala utbudet av certifikat till största delen är låst – de flesta av de produktionssätt som stöds via systemet har inga (eller mycket låga) marginalkostnader – vind, sol och så vidare. Bara produktionen av el från biobränslen kan troligen komma att variera under året till följd av prissignaler. Om det maximala utbudet av förnybar energi, tillsammans med resterande certifikat från tidigare år, uppgår till mindre än antalet certifikat som leverantörer måste inneha, kommer priset på certifikat att stiga till dess att kostnaden för certifikat är lika stor som kostnaden för att inte inneha certifikat och därför tvingas betala straffavgiften.

Om elförbrukningen är låg, eller miljöförhållandena gynnar produktionen av förnybar el, kan det komma att finnas mer certifikat än nödvändigt för att möta kraven under det året. Staten har satt ett prisgolv (på en relativt låg och fallande nivå) fram till 2007, men efter den tidpunkten kan priset på certifikat falla till noll. Om certifikaten bara kan användas för elförbrukningen under de år de framställs, *skulle* priset falla till noll varje år som det uppstod ett överskott.

Möjligheten att spara certifikat mellan år ger däremot certifikaten en alternativ användning, genom att de ställs mot elförbrukning under det följande året. Återigen, priset på certifikat under detta år skulle bli noll om det var säkert att det skulle finnas fler certifikat än nödvändigt, både under innevarande år och framöver. Men det finns en risk för att det inte kommer att finnas tillräckligt många certifikat, och då kommer priset på en konkurrensmarknad att återspegla den straffavgift som man tvingas betala om detta inträffar, och sannolikheten för att det blir så.[5] Utifrån detta är det möjligt att ställa upp ekvationer på certifikatens värde, och vi gör det i ett appendix till detta kapitel. Det finns ytterligare komplikationer med det svenska systemet i och med att straffavgiften kommer att bli lika stor som det pris som betalades under föregående år, och att straffavgifter måste betalas med beskattade vinstmedel, medan inköp av certifikat är en utgift som är avdragsgill.

Det centrala resultatet som framkommer i appendix är emellertid att priset på certifikat kommer att tendera att stiga över tid när sannolikheten för en bristsituation är hög, och priset kommer att tendera att falla när sannolikheten för en bristsituation är liten. Hur påverkar detta incitamenten för att bygga förnybar produktionskapacitet? Hög sannolikhet för brist på certifikat kommer i allmänhet att förknippas med en låg nivå på förnybar elproduktion i förhållande till förbrukningen, och små lager från föregående år. Detta är förhållanden då vi antagligen skulle vilja bygga ut kapaciteten, och ett stigande certifikatpris skulle fungera som en signal att gynna detta. Om målet för förnybar elproduktion har överträffats är sannolikheten för brist på certifikat antagligen mycket liten, och priset på certifikat kommer att falla och därmed minska incitamenten till ytterligare investeringar. Allmänt sett är detta de riktiga incitamenten.

Om dessa incitament ligger på den nivå som Sverige behöver för att uppnå målen för förnybar elproduktion är en öppen fråga, inte minst för att prisutvecklingen kommer att vara beroende av lagret med certifikat från föregående år. I det här sammanhanget är det intressant att notera att 21 procent av kraven på certifikat under 2003 ersattes med straffavgifter, även om produktionen av förnybar energi låg 63 procent över det som krävdes (7,2 TWh producerades medan 4,4 TWh krävdes, Energimyndigheten, 2004a, s. 14). Vissa marknadsaktörer måste ha föredragit att behålla sina certifikat för framtida behov, kanske för att straffavgiften hade ett tak under systemets två första år, troligen på nivåer som ligger under de som aktörerna räknade med i framtiden. Genom att göra så kan de ha hjälpt till att minska sannolikheten för brister när kvotnivån stiger, och därmed till att sänka framtida priser.

Energimyndigheten har utvärderat systemet med gröna certifikat och publicerat en positiv rapport (Energimyndigheten, 2004e). Energimyndigheten rekommenderar att systemet ska permanentas och att målen ska sträckas längre in i framtiden, för att tillförsäkra att producenterna har tillräckliga incitament att bygga nya anläggningar. Myndigheten väcker frågan om befintliga producenters stöd från systemet, och ifrågasätter om det är kostnadseffektivt att ta bort resurser från uppgiften att främja nya investeringar. Faran med att göra ett sådant stöd tidsbegränsat är emellertid att om det tillämpades retroaktivt på anläggningar som har byggts under systemet, med förväntningar om att få stöd under anläggningens hela livslängd, så skulle framtida investerare uppleva en risk för att deras eget stöd kan komma att utsättas för förändringar i efterhand och därför bli mindre villiga att investera. Om en tydlig gräns kunde dras kring anläggningar som byggts på basis av det nuvarande systemet (kanske de som kom till mellan 2002 och 2008, vilket ger tid för planering och byggande), då kan det vara möjligt att begränsa stödet för de återstående (gamla anläggningar och sådana som ännu inte beslutats). Dessa anläggningar skulle bara vara berättigade att få gröna certifikat under en 15- eller 20-årsperiod. Skillnaden i diskonterat värde av att få stöd under 15–20 år jämfört med under en anläggnings hela livstid blir troligen litet och av har därmed liten betydelse för priset per certifikat. (Detta förutsätter ett kostnadsbaserat jämviktsläge där investeringarna sker fram till dess att producenterna av förnybar el får intäkter från certifikat och elmarknaden som motsvarar deras kostnader.) Konsumenterna skulle emellertid inte behöva betala för lika många certifikat vilket skulle möjliggöra en sammantagen besparing. Förutsatt att investerarnas förväntningar på nya och planerade anläggningar infrias, skulle det krångel som tidsbegränsningar för nya anläggningars rätt till certifikat innebär uppvägas av vinsterna.

Vår sammanfattande slutsats om systemet med gröna certifikat är att det verkar fungera bra vad gäller att ge incitament till investeringar i förnybar elproduktion. Den nuvarande överskottsproduktionen, i förhållande till uppsatt mål, innebär att investeringar inte är brådskande, även om målsättningen höjs kraftigt över tid. Mer modellarbete rörande relationen mellan priser och produktionsnivåer, för att förstå hur priser utvecklas över tid, kan emellertid vara värda att göra.

## Appendix. Priset på gröna certifikat

Det pris som ett företag är berett att betala för ett certifikat under innevarande år är lika med den straffavgift som kan undvikas genom att inneha certifikatet, multiplicerat med sannolikheten för att en sådan avgift annars måste betalas, plus värdet av att inneha certifikatet under följande år, multiplicerat med sannolikheten att certifikatet kommer att behållas fram till det året. Denna senare sannolikhet är bara ett minus sannolikheten för att certifikatet kommer att behövas innevarande år. Certifikatets värde påföljande år kommer att vara dess (förväntade) pris under det året, multiplicerat med en diskonteringsfaktor som är mindre än ett, för att spegla det faktum att pengar som fås i framtiden är värda mindre än pengar nu (om så bara för utebliven ränta). Vi får därmed en ekvation för värdet (och följaktligen priset) på certifikatet nu:

$$p_t = \rho f_t + (1 - \rho)\delta p_{t+1}$$

där $p_t$ och $p_{t+1}$ är priset nu och nästa år, $f_t$ är den straffavgift som ska betalas det här året (om den tillämpas), ρ är sannolikheten för att behöva betala avgiften och δ är diskonteringsfaktorn.

Ett utmärkande drag i det svenska systemet med gröna certifikat är att den straffavgift som ska betalas innevarande år kommer att vara beroende av genomsnittspriset för certifikat under föregående år – regeln är att priset ska vara 150 procent av priset under perioden 1 april till 31 mars. Eftersom den 31 mars är den dag som certifikaten måste lämnas in, eller bristen på certifikat ska rapporteras, överensstämmer perioden med elförbrukningen under det kalenderår som slutade tre månader tidigare. Den första ekvationen skapade en koppling mellan det befintliga priset och det förväntade, framtida priset – den här mekanismen skapar en koppling mellan det nuvarande priset och priset i föregående period. En ytterligare komplikation är att varje straffavgift måste betalas med beskattade vinstmedel, medan kostnaden för att köpa certifikat är avdragsgill. Om ett företag har en marginalskattesats på 25 procent innebär det att företaget skulle vara berett att betala upp till 320 kronor per MWh för ett certifikat, för att ungå att betala en straffavgift på 240 kronor per MWh.

Vi kan ta med dessa faktorer i beräkningen genom att skriva en ekvation för straffavgiften som en funktion av föregående periods pris:

$$f_t = (1+\alpha)\, p_{t-1}$$

där $\alpha$ är upptrappningfaktorn (för närvarande 50 procent) och genom att justera den första ekvationen för att spegla skattenackdelen av att betala straffavgiften får vi:

$$p_t = \rho \frac{1+\alpha}{1-\tau} p_{t-1} + (1-\rho)\delta p_{t+1}$$

där $\tau$ är köparens marginalskattesats. Denna ekvation kan säga oss huruvida certifikatpriset tenderar att stiga eller falla över tid, beroende på systemets regler, sannolikheten för att det kommer att uppstå brist på certifikat under innevarande år och diskonteringsfaktorn.

Framför allt kan vi hitta de kombinationer av olika parametrar som kan hålla certifikatpriset konstant över tid, om vi byter ut ett specifikt (men okänt) värde $p$ för värdena $p_t$ , $p_{t+1}$ och $p_{t+1}$ i ekvationen ovan. Detta skulle då ge oss exempelvis en ekvation för sannolikheten att det kommer att finnas för få certifikat:

$$\rho = (1-\delta) \div \left( \frac{1+\alpha}{1-\tau} - \delta \right)$$

Med rimliga parametervärden ($\delta = 0.9, \alpha = 0.5, \tau = 0.25$) innebär detta att sannolikheten för en brist bara måste vara 1/11 (0,0909) för att hålla priserna stabila över tid. Om sannolikheten för en brist på certifikat är större än så, kommer det rådande certifikatpriset att bli högre än det var föregående år. Om sannolikheten för en bristsituation är mindre kommer det rådande certifikatpriset att vara lägre. Prisskillnaden beror på det förväntade priset under kommande period – om det förväntas återgå till ursprungspriset, så är rådande pris på certifikat mindre känsligt för sannolikheten av en bristsituation än om nästa års pris förväntas överensstämma med rådande pris.

## NOTER

1. Det är värt att påpeka att detta argument till stöd för förnybar energi antyder att stödet bör inriktas på sådan teknik som ger möjligheter att utveckla en hemmaindustri. Program som på ett effektivt sätt betalar samma extrakostnad till all teknik, t.ex. programmet med gröna certifikat, kommer troligen att uppmuntra teknikutvecklare att inrikta sig på den billigaste, tillgängliga tekniken. Om den tekniken redan domineras av utländska företag är omfattningen på en sådan inhemsk industri kanske begränsad.
2. I kapitel 1 framfördes att detta var orsaken till att avregleringen förväntades öka branschens effektivitet.
3. Egentligen innebär det att kostnaderna ska täckas av alla kunder av samma slag, men de politiska beslutsfattarna kan besluta att undanta alla industrikunder från att betala för förnybar produktion, utan att skapa någon störning på elmarknaden för det kundsegmentet. På motsvarande sätt kan kunder frivilligt erbjuda sig att köpa en större andel av sin el från förnybara källor till ett förmånligt pris, och förekomsten av denna nischmarknad behöver inte störa konkurrensen inom resten av branschen.
4. Producenter av förnybar energi kan naturligtvis inte påverka hur mycket det blåser på en viss plats, men de bör ha starka incitament att bygga på en plats som är mycket blåsig, och i ett system som (exempelvis) betalar för vindkraftkapacitet snarare än för vindkraftproduktion kan producenterna ha incitament att välja platser med låga produktionskostnader, men där det inte blåser särskilt mycket.
5. Priset kommer också att påverkas av inställningen till risk hos köpare och säljare av certifikat. Vi kommer att utgå ifrån att tillräckligt många av dem är riskneutrala för att få marknadspriset att överensstämma med det förväntade värdet på certifikatet.

# 10. Kostnads–intäktsanalys av elmarknadens avreglering

Det bör ha framgått av vår diskussion så här långt att avregleringen av elmarknaden påverkat Sverige på många olika sätt. En del grupper kan ha fått det bättre, andra sämre. Det är mycket ovanligt att en ny policy innebär fördelar för alla – en ny väg kan vara bra för bilister men dålig för de människor som bor utmed den. Kostnads–intäktsanalys är en metod som försöker bedöma sådana vinster och förluster på ett sätt som kan visa om policyn varit bra eller dålig för samhället i dess helhet.

Den grundläggande idén bakom en kostnads–intäktsanalys är att mäta så många som möjligt av de förändringar som följt av en policy, att sätta värden på dessa förändringar och sedan addera dessa värden. Om summan är positiv överstiger fördelarna nackdelarna och policyn kan antas vara bra för samhället. Om summan är negativ, så att nackdelarna överväger fördelarna kan policyn antas vara dålig för samhället. Den avgörande skillnaden mellan en kostnads–intäktsanalys och den planering som sker inför ett kommersiellt investeringsbeslut är att kostnads–intäktsanalysen även försöker fånga sådana kostnader och intäkter som inte kommer att realiseras i kronor och ören.

Ta exempelvis ett sådant beslut som huruvida man ska bygga en ny bro eller inte, och anta att det kan vara möjligt att ta ut en avgift av alla bilister som använder bron. Ett kommersiellt beslut skulle baseras på en jämförelse av de framtida tullintäkterna (efter avdrag för administrationskostnader) med kostnaderna för att bygga och underhålla bron. En kostnads–intäktsanalys skulle även försöka mäta den tidsvinst som bilisterna skulle kunna göra genom att ta den nya vägen, och en eventuell minskning av antalet olyckor som kan vara en följd av den kortare körsträckan. Genom att minska körsträckan kan man emellertid få folk att göra resor som de annars inte skulle ha gjort, och det måste också beaktas när man gör bedömningar om trafikflöden och tidsbesparingar. Brons miljöpåverkan kan alltså vara positiv eller negativ – mindre utsläpp från resor som ändå skulle ha gjorts, men också ökade utsläpp från de ytterligare resor som bron ger upphov till.

Det är naturligtvis långt ifrån enkelt att sätta värden på dessa förändringar. Det kan vara möjligt att värdera bilisternas tidsvinst genom att räkna ut hur mycket de skulle ha haft i lön under restiden, men ska i så fall samma siffror användas för tjänsteresor som för nöjesresor? Vi kan mäta de direkta kostnaderna i samband med en olycka i form av polisens nedlagda arbetstid, fordonsreparationer och sjukvårdskostnader, men hur ska individens smärta och lidande värderas? Vad kostar miljöförstöringen? Kostnads–intäktsanalysens berättigande måste bygga på uppfattningen att det är bättre att vara medveten om dessa effekter och försöka att sätta värden på dem, även om det inte blir perfekt, än att inte låtsas om dem.

Det här exemplet bygger på den traditionella användningen av kostnads–intäktsanalys, vilken är att värdera en uppsättning policyalternativ innan man bestämmer sig för ett av dem. På senare tid har emellertid ekonomer börjat tillämpa kostnads–intäktsanalys på redan fattade policybeslut för att försöka avgöra om dessa beslut var riktiga.

## Kostnads–intäktsanalyser av policybeslut

Galal m.fl. (1994) undersöker tolv avknoppningar från statsägda företag i fyra länder – Mexiko, Malaysia, Chile och Storbritannien. I vart och ett av fallen jämför de vad som hände med ett kontrafaktiskt scenario (eller scenarier) som innehåller deras bedömningar av vad som skulle ha hänt om det statliga ägandet fortsatt. I exempelvis fallet med British Telecommunications innebar utgiftsrestriktioner inom den offentliga sektorn att företagets investeringar, som ökade efter privatiseringen, skulle varit mindre om företaget inte sålts. Konsekvenserna av de lägre investeringarna märktes genom att efterfrågan inte kunde mötas och att effektiviteten blev lägre. Priser och vinster skulle också ha varit annorlunda om företaget varit kvar inom den offentliga sektorn. Galal m.fl. beräknar dessa förändringar och kombinerar dem med hjälp av en metodik som utvecklats av Jones m.fl. (1990). De gör bedömningen att välfärden ökade genom elva av de tolv privatiseringarna.

Liknande tekniker har använts av Newbery och Pollitt (1997), Green och McDaniel (1998) och av Domah och Pollitt (2001) för att utvärdera privatiseringarna av kraftsektorn i England och Wales.

Newbery och Pollitt undersökte privatiseringen av *Central Electricity Generation Board* (CEGB), som ansvarade för kraftstationer och högspänningsnätet före omstruktureringen. De använde de investeringsplaner som CEGB offentliggjort strax innan omstruktureringen, för att skapa ett kontrafaktiskt scenario där företaget skulle ha byggt flera stora kärnkraft- och kolkraftverk i stället för de gaskombikraftverk (CCGT) som faktiskt byggdes i början av 1990-talet. Dessa investeringar skulle ha kostat mer än de anläggningar som faktiskt byggdes. CEGB:s kärnkraftverk förbättrade sin kapacitet under 1990-talet och Newbery och Pollitt bedömer att denna förbättring skulle ha ägt rum även utan privatisering. Elsektorns rörliga kostnader vid sidan av bränslekostnaderna hade i praktiken varit konstanta i reala termer före privatiseringen, och Newbery och Pollitt antar att de i princip skulle ha blivit kvar på den nivån, till skillnad från de minskningar som blev fallet efter privatiseringen. (Det finns en liten kostnadsminskning per producerad enhet eftersom kärnkraftverken kunde producera mer till oförändrade kostnader när de förbättrade sin kapacitet.) Newbery och Pollitt antar också att bränslepriset skulle ha varit högre utan privatisering, med större efterfrågan på (dyrt) brittiskt kol och mindre konkurrens på gasmarknaden. Slutligen skulle importen av fransk elektricitet ha varit lägre och det till ett lägre pris.

Dessa förändringar behöver översättas i kostnadstermer och adderas inom och mellan år. Det fanns avsevärda omstruktureringskostnader, särskilt vad avser (frivilliga) avgångsvederlag till anställda, som måste vägas mot senare kostnadsbesparingar. För att behandla förändringarna konsistent över tid diskonterade Newbery och Pollitt kostnader och intäkter med en realränta på 6 procent, den diskonteringsränta som används av den offentliga sektorn. Med andra ord, en kostnad på 1 miljon pund, som uppstod i april 1994, behandlades som om det vore en kostnad på 1,06 miljoner pund i april 1995, medan samma kostnad i april 1996 (i reala termer) bara värderades till 0,94 miljoner pund i april 1995. Detta illustrerar pengars tidsvärde – pengar som är tillgängliga nu kan investeras för att producera en större mängd längre fram. Eftersom valet av diskonteringsränta kan ha en avgörande inverkan på resultaten – projekt med höga startkostnader förefaller mycket mindre attraktiva om diskonteringsräntan stiger – presenterade Newbery och Pollitt resultat med diskonteringsräntor på 6 och 10 procent.

Newbury och Pollitt beräknade att de privatiserade företagen lade ut mindre på el från kol- och kärnkraftverk, och mer på gas och importerad el än vad CEGB skulle ha gjort, en skillnad på 3,6 miljarder pund (diskonterat). De beräknade att engångskostnaden för omställningen, som exempelvis (frivilliga) avgångsvederlag till anställda, uppgick till 2,8 miljarder pund, men att dessa möjliggjorde samlade besparingar av rörliga kostnader (förutom bränsle) på 2,8 miljarder pund. De beräknar att utsläppen av koldioxid och svaveldioxid var lägre till följd av privatiseringen och värderar minskningarna till 2,3 miljarder pund. Detta byggde på en kostnad på 125 pund per ton för svaveldioxid och 12 pund per ton för koldioxid. En del håller kanske inte med om de här priserna, men deras rapport innehåller tillräcklig information för att beräkningen ska kunna göras om med egna värden. Sammantaget uppgick besparingarna till 11,9 miljarder pund, diskonterat till april 1995. Bortsett från miljövinsterna motsvarande dessa besparingar en kostnadsminskning under perioden på 0,21 pence per kWh, eller 5 procent av CEGB:s årliga kostnader.

Newbery och Pollitt beräknade också privatiseringens fördelningseffekter. Samtidigt som privatiseringen minskade kostnaderna antog de att den även ökade vinsterna, så att det sammantagna elpriset blev högre än det skulle ha varit utan privatisering. Detta innebar att konsumenterna förlorade på privatiseringen. Staten gick miste om de vinster den skulle kunnat få med fortsatt statligt ägande, men fick i stället skatteintäkter och försäljningspriset för de privatiserade företagen. Investerarna betalade för att få ta över företagen, men fick i gengäld ta hand om vinsten efter skatt. I det här fallet vann både staten och de privata investerarna – investerarna betalade mindre för sina aktier än det framtida värdet på beskattade vinster, medan staten fick ut mer än den skulle ha fått med fortsatt statligt ägande. Detta möjliggjordes av de effektivitetsvinster som uppstod efter privatiseringen – i själva verket motsvarar summan av nettovinsterna för de tre grupperna dessa effektivitetsvinster.

Slutligen ger Newbery och Pollitt de tre grupperna olika vikter. De tar staten som riktmärke – ett pund som spenderas av staten är värt ett pund. Pengar i händerna på konsumenter är värt något mindre, medan företagsvinster ges en vikt på endast 0,5. Newbery och Pollit försvarar detta genom att påpeka att aktieägare vanligen är rikare än genomsnittskonsumenten. Många etiska system betraktar det som acceptabelt att överföra pengar från rika till fattiga, även om en del av dessa pengar försvinner i processen, vilket indirekt innebär att pengar i händerna på de rika är värda mindre än samma summa i händerna på de fattiga. Newbery och Pollitt ger återigen tillräckligt mycket information för att läsaren ska kunna ersätta dessa värden med de värden som han eller hon föredrar, och sedan göra om beräkningen.

Resultaten beror på skattesatsen på företagsvinster, och den tid det tar innan vinsterna konkurreras bort och priserna faller tillbaka till den nivå som den offentliga sektorn skulle ha tagit ut. Om detta inträffade under 2000 skulle privatiseringen ha varit bra för samhället, men om priskonvergensen försenades till 2010 så skulle den större förmögenhetsöverföringen från konsumenter till aktieägare tyda på att privatiseringen i själva verket var dålig för samhället. Newbery och Pollit analyserade också ett alternativt kontrafaktiskt scenario, där CEGB skulle ha byggt färre dyra kol- och kärnkraftverk under 1990-talet, och övergått till gaskombikraftverk vid en tidigare tidpunkt. Jämfört med detta alternativ skulle privatiseringen bara ha varit sammantaget bra för samhället om det varit en relativt hög vinstbeskattning (25 procent, jämfört med den genomsnittliga nivån på 14,5 procent som betalades under de första fem åren efter privatiseringen) och om priserna hade konvergerat till 2000.

Domah och Pollitt (2001) genomför en liknande analys av de tolv regionala elföretagen i England och Wales (s.k. REC). De fann att företagens kostnader faktiskt steg under de första åren efter privatiseringen, men föll dramatiskt efter 1994/95. Under större delen av 1990-talet fick konsumenterna följaktligen högre priser som ett resultat av privatiseringen, men Domah och Pollitt bedömer att prisnedgången från slutet av decenniet kommer att uppväga detta så att konsumenterna erhåller en diskonterad nettovinst för perioden i dess helhet (fram till 2005). Det staten tjänade på försäljningsintäkter och skatteintäkter (inklusive den skatt på engångsvinster på privatiserade företag som Labour-regeringen införde 1997) uppvägde mer än väl de vinster som skulle ha gjorts med fortsatt statligt ägande. I huvudscenariot är de nettovinster som investerarna får precis lika stora som det pris de betalade vid privatiseringen, vilket gör att investerarna som grupp varken är några utpräglade vinnare eller förlorare. Det är emellertid värt att lägga märke till att en del av REC-företagen redan hade övertagits på nytt vid den tidpunkt då engångsskatten infördes, vilket innebär att de ursprungliga investerarna hade kunnat låsa in sina vinster, medan skatten betalades av de nya ägare som hade köpt tillgångarna till ett mycket högre pris efter privatiseringen, och som egentligen inte haft något engångsvinst.

Green och McDaniel (1998) påminner mer om vår egen undersökning, så till vida att de undersöker en politisk förändring som inte gällde privatisering. Under 1998 skulle små elkonsumenter få lov att välja sin elleverantör – konsumenter med ett maximalt effektuttag på över 100 kW hade redan möjlighet att välja. För att administrera detta gjorde branschen IT-investeringar på cirka 150 miljoner pund om året under fem år. Dessa utgifter ökade troligen kostnaderna, medan den uppkomna konkurrensen på slutkundmarknaden troligen skulle pressa råkraftpriset och marginalerna mellan slutkund- och råkraftpriser. Green och McDaniel kombinerar utgifterna med uppskattningar av effekterna på råkraftpriser och marginaler för att beräkna tänkbara priser och kostnader för olika kundgrupper, med eller utan införandet av konkurrens i slutkundledet.

De beräknar att den uppkomna konkurrensen sänkte det pris som de små kundernas leverantörer fick betala till producenterna med 7 procent. Men distributionskostnaderna, som inkluderade de nya IT-kostnaderna, steg med 4 procent, och leverantörernas kostnader steg med 10 procent. Leverantörernas (låga) vinstmarginaler tredubblades. Den sammantagna effekten blev en genomsnittlig sänkning av elpriset för småkunderna med 2 procent. Detta gav dessa konsumenter en välfärdsvinst på 285 miljoner pund om året. Olyckligtvis medförde de lägre priserna och högre kostnaderna en förlust på 415 miljoner pund om året för elbranschen, så den sammantagna välfärdseffekten med breddad konkurrens kunde förväntas vara negativ.

Green och McDaniel studerar dessutom en policy med måttstockskonkurrens, där leverantörer inte skulle tillåtas att debitera sina kunder mer än branschens genomsnittliga produktionskostnad. De antog att detta skulle frambringa bara hälften av kostnadsminskningen för råkraften jämfört med vad de förväntade sig att full konkurrens skulle uppnå, men det skulle undvika de ökade transaktionskostnaderna för konkurrens i slutkundledet och i praktiken leda till att de priser småkundernas skulle betala blev lägre än med fullständig konkurrens. Detta skulle öka konsumenternas välfärd med 15 miljoner pund mer om året än vid fullständig konkurrens. Branschen skulle undvika transaktionskostnader och få det 127 miljoner pund bättre om året med måttstockskonkurrens än med fullständig konkurrens. Måttstockskonkurrens skulle med andra ord vara bättre för både konsumenterna och branschen än den fullständiga konkurrens som faktiskt infördes på slutkundmarknaden, eftersom den skulle ha undgått de höga transaktionskostnader som den brittiska elsektorn fick betala för att organisera en marknad med konkurrens.

Bowitz m.fl. (2000) är en undersökning av de nordiska reformerna. Den omfattar utvecklingen i Norge, Sverige och Finland fram till år 1999. Deras viktigaste resultat är att priserna för det mesta varit lägre än i deras kontrafaktiska scenario med fortsatt reglering, och att det gjorts färre investeringar. De lägre priserna berodde både på lägre kostnader (genom lägre investeringar) och på ett skifte från genomsnitts- till marginalkostnadsprissättning vid en tidpunkt då branschen hade överskottskapacitet och de genomsnittliga priserna var högre än marginalkostnaderna.

De finner en samlad effektivitetsvinst på 1,5 miljarder norska kronor om året, varav 0,6 miljarder gäller Sverige. På den nordiska nivån kommer hälften av vinsten från bättre utnyttjande av befintlig kapacitet, och det mesta av återstoden från en lägre kapacitetsnivå. Att öka den kortsiktiga gränsöverskridande handeln, vilket gjorde det möjligt för Danmark och Finland att driva sina billigare kraftvärmeverk mer och de dyrare anläggningarna mindre, gav ganska små vinster. Men eftersom genomsnittspriserna föll beräknade de att konsumenterna tjänade 5,6 miljarder norska kronor, medan producenterna förlorade 4,1 miljarder kronor. I Sverige var siffrorna 1,3 miljarder i vinst för konsumenterna och 0,9 miljarder i förlust för producenterna, medan statens intäkter steg med 0,2 miljarder norska kronor. Det är emellertid värt att påpeka att Bowitz m.fl. menar att de svenska hushållen klarade sig sämre, i genomsnitt, på detta stadium av reformen. Avgiften för att byta leverantör hade begränsat konkurrensen i slutkundledet och därför var de priser som hushållen fick betala högre i marknadsscenariot än i det kontrafaktiska scenariot med fortsatt reglering. De förväntade sig att priserna för hushållen skulle falla efter slopandet av bytesavgiften, vilket skulle innebära en vinst även för dessa konsumenter.

En nackdel med avregleringen som Bowitz m.fl. finner kommer från den miljöpåverkan som uppstår. De lägre priserna medför en ökad förbrukning, samtidigt som olika investeringsmönster medför att kolkraft från Danmark och Finland har använts i stället för gaseldade anläggningar som skulle ha kunnat byggas i Norge. Båda förändringarna har ökat utsläppen av koldioxid och andra miljöskadliga ämnen. Kostnaden för dessa ökade utsläpp var större än värdet av avregleringens positiva effekter. Läxan kan emellertid vara att vi behöver hantera miljöpåverkande faktorer direkt, kanske via miljöskatter, snarare än indirekt genom policybeslut som minskar effektiviteten inom elsektorn.

## Kostnads–intäktsanalysens delar

För att genomföra vår kostnads-intäktsanalys behöver vi definiera ett eller flera kontrafaktiska scenarier, så att vi kan säga vad som förändrades till följd av den svenska avregleringen av elmarknaden. För varje scenario gör vi sedan en modell och jämför den med vad som faktiskt hänt. Vår modell måste vara en beskrivning av branschen som innehåller efterfrågan, utbud, priser, kostnader och investeringar. Dessutom måste dessa faktorer vara inbördes förenliga. Efterfrågan på el beror på elpriserna, vädret och den allmänna aktivitetsnivån i ekonomin. Vädret kommer självfallet inte att förändras av strukturförändringen, och vi kommer att utgå ifrån att dessa omstruktureringseffekter är allt för små för att ha någon signifikant påverkan på den allmänna aktivitetsnivån i ekonomin. Det betyder, att om vi gör en förutsägelse om ökad efterfrågan i ett av våra scenarier, jämfört med vad som faktiskt inträffade, så måste detta bero på lägre priser. Dessa lägre priser tyder på lägre enhetskostnader eller lägre vinstmarginaler eller bådadera. För att möta en högre efterfrågan krävs ökad produktion eller ökad nettoimport, och vi måste kontrollera att det finns tillräcklig kapacitet för detta. Om ytterligare kapacitet behövs för att möta efterfrågan kan detta vara oförenligt med lägre enhetskostnader (det kan fortfarande vara förenligt med lägre priser om vinstmarginalerna faller). Om efterfrågan ökar men det inte finns tillräckligt med kapacitet för att möta den, då måste det uppstå strömavbrott. Vi måste ta med en beräkning av kostnaden i form av olägenheter och förlorad produktion på grund av detta. Vår sista inledande kommentar är att betona att vi inte byggt någon fullskalemodell av den nordiska marknaden utan en enkel modell över den svenska elmarknaden, även om gränsöverskridande handelsflöden tas i beaktande.

## Gränsöverskridande handel

I kapitel 5 framhölls att nivån på handeln med el mellan de nordiska länderna ökade efter tillkomsten av Nord Pool 1996, men att det förekommit en avsevärd handel även innan dess, särskilt under år med extrema väderförhållanden. Figurerna i det kapitlet tyder på att handeln ökade med cirka 50 procent efter 1996, och vi använder det som vårt kontrafaktiska basscenario. I det scenariot skulle med andra ord den gränsöverskridande handeln bara ha varit två tredjedelar av den nivå som faktiskt uppnåddes. Vi antar således att avregleringen inte förändrade handelsmönstret – Sverige skulle fortfarande ha importerat energi från Norge under det regniga 2000, men mindre än man faktiskt gjorde.

Vi har månadsvisa handelsflöden för hela perioden och stickprovsdata för handel per timme (tillsammans med data om pris och förbrukning) under 20 (hela) veckor under perioden. Om vi tar perioden som helhet kan stora handelsflöden (i någon riktning) lika gärna förknippas med högre efterfrågan (och priser) under en vecka som med lägre efterfrågenivåer. Det är små skillnader mellan de tidsviktade och flödesviktade genomsnittspriserna på import och export.

Vi har därför byggt alla våra beräkningar på antagandet att priset på export och import var lika med det månatliga genomsnittliga systempriset på Nord Pool. Under några månader var Sverige (i högre grad) en nettoexportör när priset var högt, och detta antagande kommer att undervärdera intäkterna, men under andra månader kommer antagandet att överskatta intäkterna eftersom Sverige då var (i högre grad) en nettoexportör när priset var lågt. Under perioden som helhet bör antagandet vara rimligt korrekt. Sveriges nettoexport och -import utgör en liten andel av efterfrågan och produktionen inom Nord Pool, och därför antar vi att förändringar av dessa inte kommer att leda till betydande förändringar av Nord Pools priser.

## Produktionskapacitet

Ett av syftena med avregleringen var att minska branschens kapacitetsreserv, vilken kommit att betraktas som alltför stor. Kapitlet om investeringar har visat hur kapacitetsmarginalerna föll efter avregleringen. I vårt kontrafaktiska scenario antar vi att fler produktionsinvesteringar skulle ha gjorts, för att behålla de tidigare kapacitetsmarginalerna. För att vara mer exakt har vi noterat att det under åren

1984 till 1995 fanns en genomsnittlig produktionskapacitet på 248 MW per TWh konsumtion (inklusive förluster) i Sverige. Vi antar att om branschen inte hade avreglerats så skulle investeringar gjorts årligen för att bibehålla dessa proportioner. Eftersom både kärnkraft- och storskaliga vattenkraftinvesteringar nu är politiskt oacceptabla, antar vi att dessa investeringar skulle ha gjorts i värmekraftverk. Eftersom efterfrågenivån varierar från år till år skulle vår önskade kapacitetsnivå kunna sjunka. Vi har registrerat ett antal nedläggningar av små anläggningar och den tidiga stängningen av Barsebäck I, utifrån uppgifter från Nordel, men räknar inte med nedläggning av några stora anläggningar. Med andra ord, om konsumtionen minskar med 1 TWh skulle detta ha medfört en nedskärning av produktionskapaciteten med 248 MW. Om vi faktiskt konstaterade nedläggningar av mindre anläggningar, motsvarande 100 MW, utan att någon ny kapacitet tillkommit, skulle vi beakta dessa, men ha 148 MW större kapacitet än vad vår grundregel innebär för det året.

När det gäller de fasta kostnaderna för denna tillkommande produktionskapacitet använder vi en annuitetsbaserad metod. Det innebär att vi inte tar med en ny anläggnings hela kapitalkostnad under det år som den uppförs utan beräknar en kapitalkostnad för samtliga år som den är i funktion. Detta liknar metoderna i företagens redovisning, där en andel av kapitalkostnaden skrivs av varje år som en värdeminskning. Denna avskrivning inkluderar även en avkastning på investerat kapital i anläggningen. Under anläggningens livstid bör nuvärdet av avskrivningen vara lika stor som anläggningens kapitalkostnad. Om vi omedelbart skulle skriva av hela investeringskostnaden skulle vi behöva kompensera detta med investeringens återstående värde vid slutet av vår undersökning, vilket skulle innebära en extra komplikation.

Vi har uppgifter om de årliga, normaliserade fasta kostnaderna för Vattenfalls vatten- och kärnkraftverk, som hämtats ur det underlag Vattenfall överlämnat till den statliga Regelutredningen. Vi antar att dessa kostnader inkluderar korrekt avkastning av kapital och korrekta driftkostnader, och att kraftverk som ägs av andra företag har liknande kostnader. Vi antar att de fasta kostnaderna för konventionella värmekraftverk är två femtedelar av de för kärnkraftverk. De flesta producenter på avreglerade marknader har kunnat sänka sina kostnader jämfört med vad som rådde innan avregleringen, eller i förhållande till jämförbara anläggningar som fortfarande är föremål för reglering (se Markiewicz m.fl., 2004). I vårt kontrafaktiska basscenario antar vi att kostnaderna skulle ha stigit med 1 procent mer om året (kumulativt) från 1997 än vad de faktiska kostnaderna gjorde, så att de fasta kostnaderna 2003 skulle ha varit 7 procent högre än de faktiskt var.

## Rörliga produktionskostnader

Vi har skapat en enkel modell över den svenska kraftproduktionssektorn, för att beräkna de rörliga produktionskostnaderna under varje enskilt år. Observera att vi saknar uppgifter om den faktiska storleken på dessa kostnader, så vi måste göra en uppskattning av dem, både i vårt »faktiska« och vårt kontrafaktiska scenario. Eftersom vår analys är inriktad på *skillnaderna* mellan dessa scenarier innebär detta att fel i beräkningarna av *nivån* på dessa kostnader kommer att vara mindre allvarliga än om det var dessa som stod i fokus för vår undersökning.

Utgångspunkten i vår modell är lastvaraktighetskurvan, som mäter elförbrukningen för varje timme under månaden ordnade från hög till låg förbrukning. Analyser av våra stickprovsveckor visade att den kurvan var så gott som linjär, och vi tog hjälp av detta för att förenkla antagandet. Vi har därför satt den maximala förbrukningen under en månad till 120 procent av genomsnittsnivån och angav minimum till 80 procent av genomsnittsnivån. Detta gav oss toppen och botten på den lutande kurvan i figur 10.1.

Varaktighetskurvan visar hur många anläggningar som måste vara igång under hela månaden, hur mycket under halva månaden osv. Anläggningar används vanligen gradvis utifrån stigande rörliga kostnader, så att de med de lägsta rörliga kostnaderna används mest intensivt och de med de högsta rörliga kostnaderna används minst. Vi kan överföra denna turordning till varaktighetskurvan, där varje anläggningsslag representeras av en stapel vars höjd motsvarar dess kapacitet. Vi har gjort så i figur 10.1. För varje anläggningsslag anger den del av stapelytan som ligger under varaktighetskurvan storleken på den förväntade elproduktionen.

Vi antog att kärnkraftutbudet, handelsflöden och hälften av utbudet från konventionella värmekraftverk (som representerar kraftvärme med hög lastfaktor[1]) spreds ut jämnt över månaden. Den återstående produktionen från konventionella värmekraftverk var koncentrerat till perioderna med den högsta förbrukningen. Vattenkraft

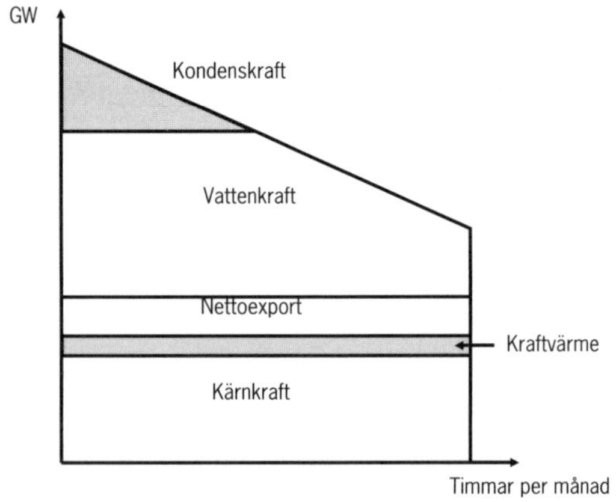


FIGUR 10.1. En förenklad varaktighetskurva för Sverige.

användes för att fylla ut resten av varaktighetskurvan. Figur 10.1 visar hur detta gick till (total månatlig produktion och uppgifter om handel var tillgängliga).

De rörliga produktionskostnaderna för både vatten- och kärnkraft är relativt låga, och inkluderade i de årliga siffrorna ovan, och därför behöver vi bara den rörliga kostnaden för konventionell värmekraftproduktion. Merparten av denna utgörs av bränslekostnader, och bränslepriser är tillgängliga, men att konvertera dessa till en kostnad per MWh elektricitet skulle innebära att värmekraftverk antingen drivs hela tiden (under månader med särskilt höga priser inom Nord Pool) eller inte alls (största delen av tiden). Eftersom ingetdera av detta stämde med verkligheten gick vi tillväga på ett annat sätt, nämligen utifrån det faktum att värmekraftverk förklarat sig villiga att producera till Nord Pool-priser. Innebörden av detta är att producenternas marginalkostnad ligger i närheten av dessa priser, åtminstone efter justering för värdet av samproduktionsfördelar. Vi antog att det billigaste värmekraftverket hade en marginalkostnad som var densamma som det genomsnittliga priset på Nord Pool under det året (för att hålla nere kostnadsvariationen) och att den dyrast tillgängliga anläggningen (inte nödvändigtvis den dyraste som var i bruk) hade marginalkostnader som var 50 procent högre. Utifrån dessa antaganden och den samlade värmekraftkapaciteten kunde vi räkna fram en uppskattad marginalkostnad för den dyraste anläggningen som producerade baskraft och den dyraste anläggningen över huvud taget. De totala kostnaderna för värmekraftproduktionen i de två skuggade områdena kan då erhållas genom en enkel, geometrisk beräkning.

I det kontrafaktiska scenariet antog vi att varje förändring av förbrukningen (vilket vi beskriver nedan) skulle spridas jämnt över året. Vi antog att det inte skulle ske någon förändring i produktionen från vattenkraft, medan produktionen från kärnkraftverk minskades (med 1 procent under de första åren och sedan med 2 procent per år) för att spegla avregleringens förstärkning av incitamenten. Handelsflödena minskades till två tredjedelar av sina faktiska nivåer. Den produktion som behövdes från värmekraftverk blev då en restpost och dess kostnader beräknades som innan utifrån den kontrafaktiska kapacitetsnivån. Vi kunde kontrollera att den ytterligare värmekraftkapacitet som följde av vår kontrafaktiska investering var mer än tillräcklig för att möta ökningar i produktionen från värmekraftverk. Under några få månader fann vi att detta tillvägagångssätt skulle ge en negativ nivå på produktionen från värmekraftverk, vilket naturligtvis hade varit absurt. Dessa månader hade utmärkts av en nettoexport som var mer än tre gånger så stor som nivån på produktionen från värmekraftverk, så att en minskning av exporten med en tredjedel var större än den mängd värmekraft som var tillgänglig för att absorbera den. I dessa fall såg vi till så att nettoexporten bara minskade till den nivå där värmekraftproduktionen skulle falla till noll.[2]

## Förbrukning

Vi har beräknat elförbrukningen för tre hushållsslag (de som bor i lägenhet och villor med och utan elvärme), företag, jordbrukare och fyra slags industrikunder (små, mellanstora, stora och extrastora elintensiva). Dessa kundslag överensstämmer med de prisserier som publiceras av Statistiska centralbyrån, SCB. För varje kundgrupp delade vi också upp förbrukningen på de kunder som stannade kvar hos sin existerande leverantör och sådana som bytte leverantör.

I våra kontrafaktiska scenarier kan kunder komma att möta olika elpriser och vi behöver veta hur de reagerar på detta. Deras efterfrågeelasticitet mäter den procentuella kvantitetsförändring som följer på en 1-procentig förändring av elpriset. De flesta elanvändare har oelastisk efterfrågan, vilket innebär att en 10-procentig ökning av priset skulle skapa en minskning av förbrukningen på mindre än 10 procent. Vi använder elasticiteter på -0,1 för de minsta hushållskunderna (10 procents höjning av priset leder till en minskad förbrukning på 1 procent) och -0,15 för hushåll med eluppvärmning (ett konsumtionsbortfall på 1,5 procent) eftersom de har möjlighet att justera sina termostater som en reaktion på prisförändringar. Jordbruk, företag samt små och mellanstora industrikunder förväntas ha en elasticitet på -0,1. Stora och elintensiva industrikunder har elasticitet på -0,15 – om priset de måste betala stiger för mycket måste de kanske minska produktionen. Dessa värden är lägre än i vissa andra studier, men de gör att vi inte får orealistiskt höga förbrukningsnivåer i vårt kontrafaktiska scenario för 2003, ett år då de kontrafaktiska priserna ligger klart under de faktiska nivåerna.

## Elpriser

Vi har två kontrafaktiska scenarier som rör de priser som leverantörerna tar ut. I vårt basscenario antar vi att priset helt enkelt skulle ha stigit med lika mycket som konsumentprisindex, KPI. Men en känslighetsanalys utgår ifrån att förändringar av de genomsnittliga produktionskostnaderna skulle ha övervältrats på elpriset. I den här analysen drar vi ifrån leverantörens egen kostnad för kundhantering från föregående års elpris, för att få fram de tillgängliga intäkter som ska täcka produktionskostnaden. Vi multiplicerar sedan detta med förändringen av den genomsnittliga produktionskostnaden, och lägger tillbaka leverantörens kostnad för kundhantering.

Kostnaden för hantering av kunder som inte bytt leverantör baserades på marginalerna mellan elpriser på slutkundmarknaden i mitten av 1990-talet och en genomsnittlig produktionskostnad på cirka 20 öre per kWh. Dessa kostnader varierade från 8 öre per kWh för hushållskunder i lägenhet till 1 öre per kWh för stora elintensiva industrikunder. Kostnaderna för hantering av hushållskunder som bytt leverantör var 2 öre högre per kWh medan kostnaden för en industrikund som bytt var 0,2 öre per kWh högre – större volymer minskar markant styckkostnaden.

## Det totala elpriset

Det totala elpriset utgörs av energipris, nätavgift och skatter (inklusive moms för hushållskunder). Vi antar att nätavgifterna och nätföretagens kostnader minskade med 1 procent om året (kumulativt) genom avregleringen. Vi har fått höra att de relativt låga vinsterna i elproduktion i slutet av 1990-talet uppmuntrade företagen att sätta ökad press på sin övriga verksamhet för att minska sina kostnader, och ser därför detta som ett resultat av avregleringen. Vi antar att nätföretagens egna kostnader inte är beroende av den mängd kraft som distribueras, men att förluster vid överföring och distribution beror på den samlade förbrukningen. Värmeförluster i ledningar har att göra med kvadraten på elflödet (dvs. flödet upphöjt med 2), men andra förluster är fasta. För att kombinera dessa effekter antar vi att de kontrafaktiska förlusterna är lika stora som de faktiska förlusterna, multiplicerat med kvoten mellan kontrafaktisk och faktisk förbrukning, upphöjt med 1,4.

## Stängning av modellen

Som diskuterats ovan måste modellens delar vara inbördes förenliga. Den genomsnittliga kostnaden för att producera el beror på hur stor kapacitet som krävs, vilket i sin tur beror på förbrukningsnivån, som beror på elpriset och därmed på dess genomsnittskostnad. Modellen är alldeles för komplicerad för att någon analytisk lösning ska vara möjlig. I stället använde vi den samlade förbrukningen som en valvariabel varje år och beräknade produktionskapacitet och produktionskostnader utifrån det. Utifrån givna produktionskostnader kunde vi beräkna slutkundpriserna. Vi kunde då jämföra den förbrukningsnivå som dessa priser medför med den nivå vi utgick ifrån, och anpassa utgångspunkten så att de två överensstämde med varandra. I praktiken kunde vårt kalkylprogram beräkna alla åtta åren samtidigt, under loppet av ett par sekunder.

### NOTER

1. Förhållandet mellan den genomsnittliga lasten och topplasten under en period.
2. I verkligheten skulle det naturligtvis ha förekommit viss värmekraftproduktion under den månaden, en del vattenkraft skulle ha växlats över till en senare månad och värmekraftproduktionen under denna senare månad skulle ha minskat. Detta skulle ha haft liten inverkan på perioden i dess helhet.

# 11. Resultat

Vi börjar med att presentera våra viktigaste resultat i det basfall som vi anser vara det mest troliga, och presenterar sedan ett antal känslighetsanalyser.

## Resultat för basfallet

Våra huvudsakliga resultat bygger på antagandet att den del av priset som betalas för energin skulle ha stigit i samma takt som konsumentprisindex från 1996 och framåt. Vi ökar de faktiska distributionskostnaderna med 1 procent om året (kumulativt) som ett uttryck för effekten av minskad prispress. Den faktiska nivån på skatter lades till dessa priser. Lägg märke till att »icke-bytarnas« priser har använts för alla kunder i det kontrafaktiska scenariet. De priser vi fick fram visas i figur 11.1.

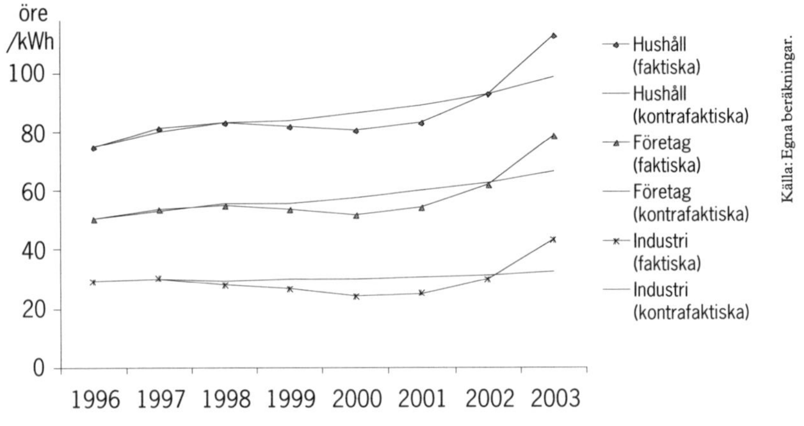


FIGUR 11.1. Elpriser i öre per kWh.

Under 1996 var de faktiska genomsnittliga priserna något lägre än de kontrafaktiska priserna. De kontrafaktiska priserna var lika med de faktiska priserna för icke-bytarna, och de som bytt leverantör fick något lägre priser. Påföljande år låg våra kontrafaktiska priser under de faktiska priserna, men de kontrafaktiska priserna började då stiga stadigt, medan de faktiska priserna föll. Skillnaden är störst under 2000 och 2001. Under 2002 steg emellertid de faktiska priserna kraftigt och gick om de kontrafaktiska för hushålls- och företagskunder, och våra beräkningar tyder på att avregleringen markant höjde priset för alla grupper under 2003. Detta beror på det sparsamma regnandet under hösten 2002, vilket ledde till höjda marginalkostnader för el. Detta spreds till priserna på den avreglerade marknaden, medan det kontrafaktiska priset förblev konstant i reala termer.

Efterfrågan på el, som visas i figur 11.2, är omvänt relaterad till priset. Kontrafaktisk förbrukning är därmed lägre under periodens mellanår, innan den stiger över de faktiska nivåerna under slutåret. Skillnaden är störst för industrikunder – vi antar att dessa har den största efterfrågeelasticiteten, och figuren ovan visar att avregleringens procentuella påverkan är störst på de priser de måste betala.

Figur 11.3 visar hur efterfrågan på elektricitet möttes. De faktiska siffrorna finns till vänster i figuren (jämna årtal anges), medan kon-

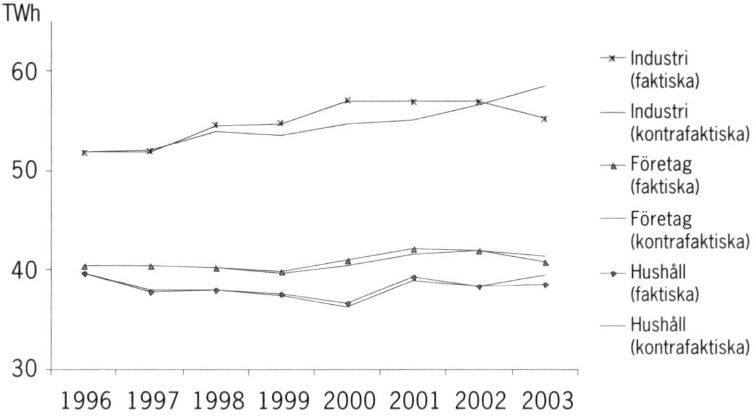


Källa: Egna beräkningar.

FIGUR 11.2. Elförbrukning i TWh.

trafaktisk elproduktion visas till höger (ojämna årtal anges). Kurvan visar den totala produktionen, inklusive nettoimport. Detta visar att Sverige var nettoimportör under 1996, 2000, 2002 och 2003, och nettoexportör under övriga år. Under största delen av perioden innebar den lägre efterfrågan att mindre utbud behövdes, särskilt som Sverige var en nettoexportör under de flesta åren, och vår kontrafaktiska handel tyder därför på att mindre producerades för export. Under de sista åren är vår kontrafaktiska efterfrågan högre, mindre importeras och därmed måste den inhemska produktionen vara högre. Eftersom produktion från vattenkraft och förnybar energi är oförändrad, och kärnkraften har något mindre produktion, måste det vara de konventionella värmekraftverken som stått för hela ökningen, med råge. Den kontrafaktiska produktionen i de konventionella värmekraftverken under 2003 ökar därför och är mer än dubbelt så stor som den faktiska nivån. Lägg märke till att vår antagna kontrafaktiska värmekraftkapacitet är nästan dubbelt så stor som den faktiska nivån, och detta är tillräckligt för att garantera att det ytterligare utbudet hade kunnat produceras om man så önskat.

Figur 11.4 visar hur olika komponenter i elsektorns kostnader förändrats över tiden. Kostnaderna för produktionen är högre i det kon-

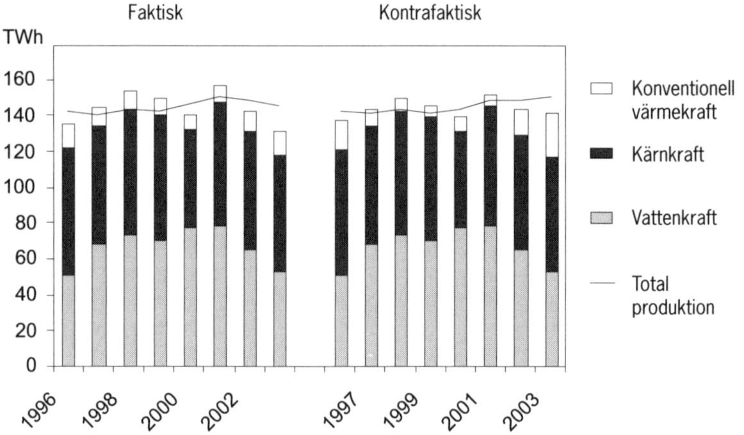


Källa: Egna beräkningar.

FIGUR 11.3. Elproduktion i TWh – faktisk produktion (till vänster) och kontrafaktisk (till höger).

trafaktiska scenariet, även under år när en mindre kvantitet produceras, eftersom extra kapacitet tillkommit. Försäljningskostnaderna är emellertid lägre i det kontrafaktiska scenariet, eftersom det inte finns något behov av att inkludera de extra kostnaderna som uppstår när kunder växlar mellan leverantörer. I basfallet har nätkostnaderna minskat genom avregleringen. Lägg märke till att medan produktions- och försäljningskostnader inkluderar kapitalavkastning, så gäller detta inte för nätverkskostnaderna, men eftersom vi har utgått ifrån oförändrade investeringsnivåer inom distributionssystemet så påverkar detta inte våra jämförelser. I den här figuren är det mest praktiskt att inkludera kostnaderna för den produktion som krävs för att möta överföringsförluster i produktionskostnaderna, även om kostnaderna för att tillhandahålla denna belastar nätföretagen. I figur 11.5 nedan bärs dessa förlustkostnader (helt korrekt) av nätföretagen. Vinsterna från produktion och försäljning behandlas gemensamt, så vi behöver inte göra några antaganden om det genomsnittliga råkraftpriset på el – transaktioner som sker inom ramen för långsiktiga kontrakt kan ha skett till priser som skiljer sig väsentligt från Nord Pools spotpriser.

Skatteintäkterna visas med de två linjer som går mot toppen av figur 11.5, och har knappast förändrats genom avregleringen. Vi har an-

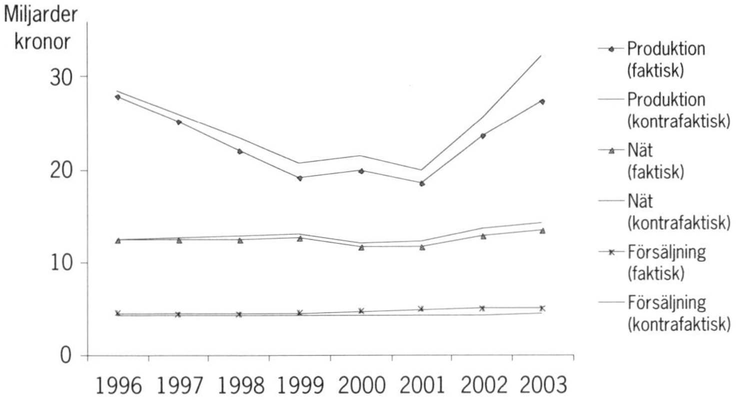


Källa: Egna beräkningar.

FIGUR 11.4. Kostnader i miljarder kronor.

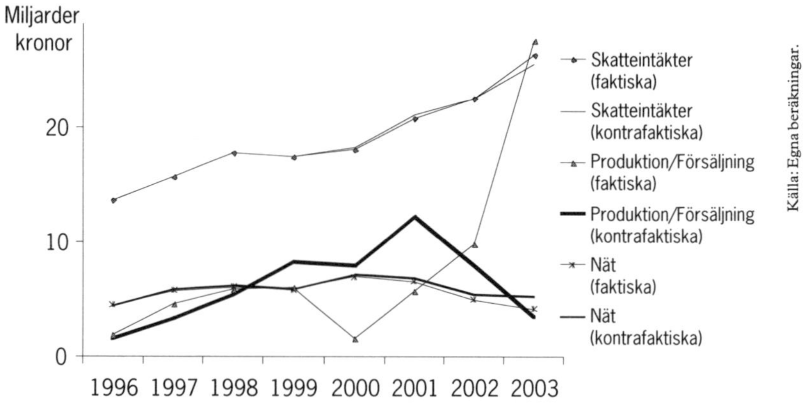


FIGUR 11.5. Vinster i miljarder kronor.

tagit att skattenivåerna inte påverkas av avregleringen, även om den inbetalade momsen per kWh kan påverkas av avregleringens påverkan på det sammanlagda elpriset. Denna effekt förefaller emellertid att till största delen ha balanserats av prisförändringarnas påverkan på efterfrågan, som också påverkar intäkterna från energiskatten. Vinsterna från nätverksamhet framgår av linjerna längst ner i figuren. Återigen visar det sig att avreglering har liten inverkan på dessa vinster, eftersom vi antar att både priser och kostnader ökar vid fortsatt reglering. Mot slutet av perioden tycks dock den absoluta marginalen mellan pris och kostnader stiga, och därmed ökar nätföretagens vinster i det kontrafaktiska scenariot.

Den största förändringen rör vinsterna från produktion och försäljning. Avregleringen verkar ha minskat dessa mellan 1999 och 2001, men ökat dem under 2002 och (särskilt) 2003. Detta är en direkt konsekvens av de prisförändringar som visades ovan – efterfrågan är för oelastisk för att kunna motverka prisförändringarna.

Vi kan visa de förändringar i konsumenternas välfärd som avregleringen ledde till på två sätt, och gör det i figur 11.6 och figur 11.7. Figur 11.6 visar förändringarna av konsumentöverskottet, mätt i miljarder kronor. Konsumentöverskottet är skillnaden mellan det som konsumenterna är beredda att betala för sin konsumtion och det som de faktiskt måste betala för den, och är ett standardmått på hur väl en grupp konsumenter klarar sig. I ett ekonomiskt utbuds- och efterfrågediagram (visas inte) är det området under efterfrågekurvan men över det pris som betalats. Eftersom vi koncentrerar oss på förändringen mellan två (relativt överensstämmande) konsumtionsnivåer, behöver vi inte beräkna hur mycket konsumenterna skulle vara villiga att betala vid varje punkt på efterfrågekurvan. Denna teknik tillämpas vanligen på individer, men går även att använda för att beräkna vinstförändringar för företag som köper el för att producera varor och tjänster. Elkonsumenter får det generellt sett bättre mellan 1998 och 2001, men mycket sämre under periodens två sista år. Industrikunder vinner (och förlorar) mest, medan hushålls- och företagskunder upplever liknande välfärdsförändringar. Dessa förändringar av välfärden är lätta att koppla ihop med de prisförändringar som identifierades ovan.

Ett alternativt sätt att presentera våra resultat på visas i figur 11.7 nedan. Här visas välfärdsförändringen (fortfarande mätt som konsumentöverskott) som andel av det belopp som respektive grupp faktiskt betalade för el. Detta visar att industrikunder upplevde de proportionellt största förändringarna och att företagskunder vann eller förlorade mer än hushåll, i relation till deras konsumtion. Eftersom förändringarna i absoluta tal för dessa kunder är snarlika så blir slut-

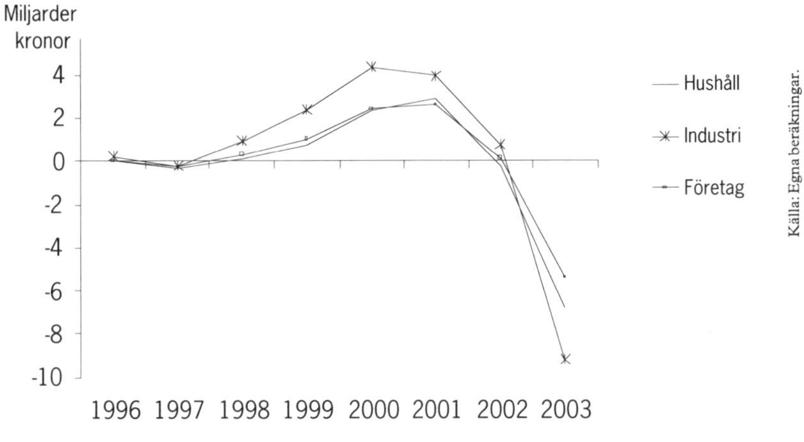


FIGUR 11.6. Välfärdsförändringar på grund av avreglering.

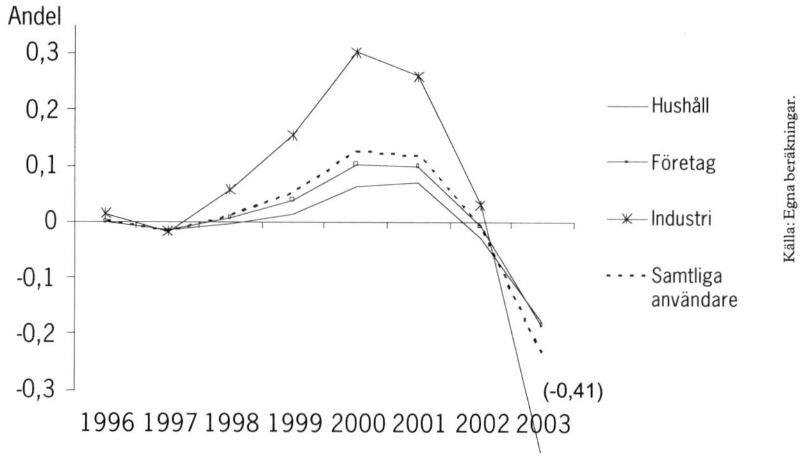


FIGUR 11.7. Välfärdsförändringar i relation till utgifter för el.

satsen (som lätt bekräftas) att företagskunder hade lägre utlägg för el än vad hushållen hade.

Figur 11.8 visar de samlade välfärdsförändringarna, mätt i absoluta tal. Under de flesta år är förändringarna av vinsterna för producenter och leverantörer av samma storleksordning, men i motsatt riktning, som förändringarna av konsumenternas välfärd. Undantagen är två år (1996 och 1998) då konsumenterna tjänade på små prisminskningar och elbranschens kostnader föll med mer än dessa minskningar. Detta visar orsaken till att förändringen av vinster alltid visar större plus än förändringar av konsumenternas välfärd de andra åren. Nätföretagens vinster uppvisar samma utveckling som konsumenternas välfärd medan statens skatteintäkter följer samma mönster som vinsterna för producenter och leverantörer. Förändringarna i dessa serier är mycket små, jämfört med förändringarna i konsumenternas välfärd och vinsterna för producenter och leverantörer.

Vad har då hänt med den samlade välfärdsnivån? Utifrån våra antaganden finner vi att avregleringen ökat välfärden i Sverige under samtliga år sedan 1996. Vinsten är störst 2000, som var ett nederbördsrikt år med låga priser, men vinsten var också betydande under torråren 2002 och 2003. Om vi ska sammanfatta vinsterna i en enda

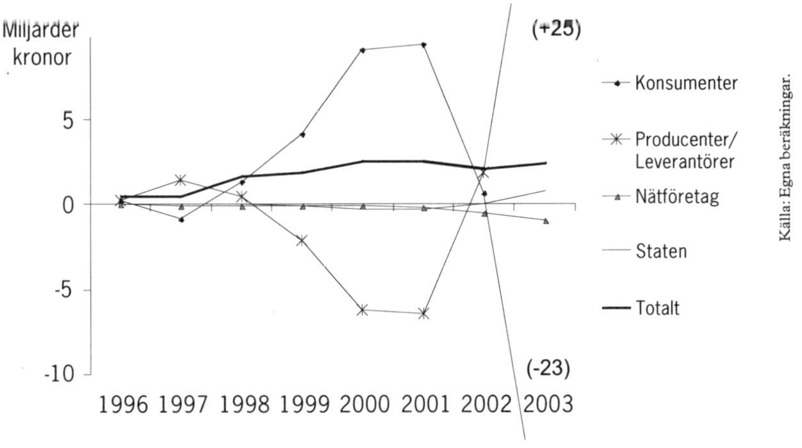


FIGUR II.8. Avregleringens samlade välfärdsförändringar.

figur är det bäst att diskontera dem till ett enskilt år. Detta ger mindre vikt åt vinster (eller förluster) under senare år, utifrån antagandet att tidigare vinster kunde ha investerats och gett avkastning som ökar dess bidrag till samhället, jämfört med vinster under senare år. Med en diskonteringsränta på 5 procent finner vi att den sammantagna vinsten av avregleringen uppgick till 10,9 miljarder kronor under åtta år (diskonterat till 1996).

Denna procedur utgår indirekt från att varje välfärdskomponent är lika mycket värd. Ett alternativt mått ger vissa förändringar ett högre värde än andra. Förändringar i hushållens välfärd får 10 procents extra tyngd, baserat på att hushållskunder i genomsnitt har det något sämre än aktieägare (i kraftföretag eller i företag som köper el) och det är en standardprocedur (även om den är valfri) inom välfärdsekonomi att ta större hänsyn till välfärdsförändringar hos mindre välbeställda samhällsmedlemmar. Förändringar av skatteintäkter får 30 procents extra tyngd eftersom de förr eller senare måste ersättas med andra skatteintäkter, och detta kommer att leda till snedvridningar och välfärdskostnader. Denna viktning har en liten positiv inverkan på välfärdsvinstens storlek under största delen av perioden, då konsumenterna gör vinster, och minskar den avsevärt under de senare åren, när de förlorar till följd av högre priser. Om man diskonterar hela perioden finner man emellertid att det nästan inte ger någon förändring av den sammanlagda välfärdsvinsten.

Slutligen kan vi jämföra vad som hände med konsumenter som bytte leverantör eller omförhandlade sitt avtal med dem som stannade hos sin befintliga leverantör och inte omförhandlade avtalet. Detta visas i figur 11.9. Under de flesta åren klarar sig de som bytt mycket bättre än de som inte bytt, vilket inte torde överraska med tanke på att de fått lägre priser. Under 2002 verkar de som bytt fortfarande att ha tjänat på avregleringen, även om konsumenterna i genomsnitt fått det sämre. Det är bara under 2003 som de som bytt påverkas mer negativt av avregleringen jämfört med dem som inte bytt. Detta beror troligen på att den procentuella prisökningen till följd av avregleringen under det året var högst för industrikunder (de hade de lägsta distributionskostnaderna att lägga till sin elräkning och inga skatter) och en hög andel av industrikunderna hade bytt leverantör.

Figur 11.9 visar också vår beräkning att de samlade välfärdsförändringen på grund av avregleringen är en ökning på mellan 2 och 4 procent av den summa som konsumenterna betalar för el varje år. Den proportionellt största vinsten gjordes 2000, kanske för att den summa som då betalades för el var ovanligt liten, medan de stigande kostna-

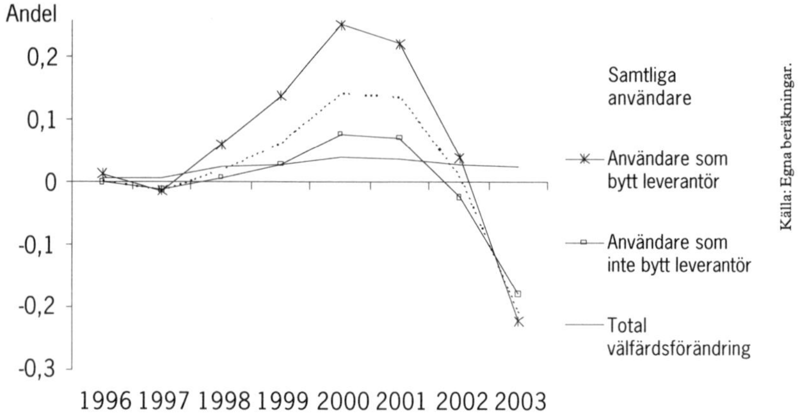


FIGUR 11.9. Välfärdsförändringar i relation till utgifter för elektricitet.

derna för elektricitet på senare år bidragit till att minska välfärdsförbättringen) i relation till utgifterna (i absoluta tal var vinsten nästan lika stor 2003 som 2000).

## Känslighetsanalyser

Ingen enskild uppsättning kontrafaktiska antaganden kommer att få ett generellt stöd. En del läsare kanske tror att avregleringen inte har påverkat produktionen vid kärnkraftverken, medan andra tror att uppgången i handeln var mindre än vi har utgått ifrån. Det bästa sättet att hantera sådana saker är genom känslighetsanalyser. I tur och ordning tar vi flera av våra nyckelantaganden och visar vad som händer med välfärden (och varför) när var och en av dem förändras. Detta gör det möjligt för läsaren att, i viss utsträckning, skapa sitt eget önskescenario, även om vi bör betona att dessa känslighetsanalyser inte beaktar samverkan mellan våra nyckelvariabler, och att inverkan av två förändringar sammantaget troligen inte uppgår till summan av inverkan av förändringarna var för sig. För de flesta av våra variabler diskonterar vi åtta års utveckling, men för priser tar vi ett genomsnitt genom att dela diskonterade intäkter med diskonterade enheter som sålts. Siffrorna presenteras i tabellerna 11.1 och 11.2.

### Oförändrad kärnkraftproduktion

I vårt basscenario antog vi att kärnkraftproduktionen steg på grund av avregleringen, med 1 procent om året under de första fyra åren och med 2 procent under de följande fyra åren. Detta är en följd av de starkare incitament som företag ställs inför på en avreglerad marknad. Med andra ord, kärnkraftproduktionen är lägre i vår kontrafaktiska beräkning än den faktiskt var. Ett alternativt antagande är att kärnkraftproduktionen skulle ha varit precis lika stor även utan avreglering. Detta skulle ha påverkat produktionsnivåer av kärnkraft och konventionell värmekraft, produktionskostnader och vinster samt den samlade välfärdsnivån. Utifrån våra antaganden om prissättning skulle det inte ha påverkat konsumenternas välfärd.

Sammantaget skulle kärnkraftproduktionen ha varit nästan 6 TWh högre i detta kontrafaktiska fall än i vårt basfall. Producenternas kostnader skulle ha varit lägre, och deras vinster 1,5 miljarder kronor högre. Eftersom producenternas vinster är högre i vårt kontrafaktiska

TABELL 11.1. Resultat av kontrafaktiska scenarier, totalbelopp diskonterade till 1996.

| | *Faktiska uppgifter* | *Bas-scenario* | *Oförändrad kärnkraft* | *Oförändrade fasta produktionskostnader* | *Oförändrade nätkostnader* | *Mindre handel* | *Elprisökning utöver KPI* | *Elpriser följer kostnader* |
|---|---|---|---|---|---|---|---|---|
| *Produktion (TWh)* | | | | | | | | |
| Vattenkraft | 434,3 | 434,3 | 434,3 | 434,3 | 434,3 | 434,3 | 434,3 | 434,3 |
| Kärnkraft | 432,7 | 426,5 | 432,7 | 426,5 | 426,5 | 426,5 | 426,5 | 426,5 |
| Konventionell värmekraft | 69,0 | 72,2 | 66,5 | 72,2 | 73,2 | 73,8 | 70,1 | 82,9 |
| Total produktion | 938,5 | 935,5 | 936,0 | 935,5 | 936,5 | 937,1 | 933,5 | 946,2 |
| Import | 88,9 | 59,3 | 59,3 | 59,3 | 59,3 | 44,4 | 59,3 | 59,3 |
| Export | 91,3 | 60,9 | 60,9 | 60,9 | 60,9 | 45,7 | 60,9 | 60,9 |
| *Förbrukning (TWh)* | | | | | | | | |
| Hushåll | 247,3 | 247,2 | 247,2 | 247,2 | 247,6 | 247,2 | 246,8 | 249,0 |
| Företag | 263,6 | 263,2 | 263,2 | 263,2 | 263,4 | 263,2 | 262,9 | 265,0 |
| Industri | 353,4 | 350,9 | 350,9 | 350,9 | 351,2 | 350,9 | 349,7 | 357,5 |
| Total förbrukning | 864,4 | 861,3 | 861,3 | 861,3 | 862,3 | 861,3 | 859,4 | 871,5 |
| *Pris (öre/kWh)*[1] | | | | | | | | |
| Hushåll | 85,4 | 85,4 | 85,4 | 85,4 | 84,3 | 85,4 | 86,5 | 80,9 |
| Företag | 56,8 | 57,3 | 57,3 | 57,3 | 56,8 | 57,3 | 58,1 | 53,6 |
| Industri | 29,3 | 30,3 | 30,3 | 30,3 | 30,1 | 30,3 | 31,1 | 26,6 |
| *Kostnader (miljarder kronor)* | | | | | | | | |
| Produktion | 149,1 | 159,5 | 158,1 | 155,5 | 159,8 | 159,5 | 158,9 | 162,3 |
| Försäljning | 30,0 | 27,5 | 27,5 | 27,5 | 27,5 | 27,5 | 27,4 | 27,7 |
| Nät | 80,4 | 83,0 | 83,0 | 83,0 | 80,4 | 83,0 | 83,0 | 83,0 |
| *Vinst (miljarder kronor)* | | | | | | | | |
| Producenter/Leverantörer | 47,6 | 39,5 | 41,0 | 43,6 | 39,4 | 39,5 | 46,9 | 6,9 |
| Nätföretag | 36,5 | 37,9 | 37,9 | 37,9 | 36,4 | 37,9 | 37,7 | 38,9 |
| Skatteintäkter | 120,7 | 120,6 | 120,6 | 120,6 | 120,3 | 120,6 | 120,9 | 119,4 |

1. Genomsnittliga priser, som erhållits genom att dividera diskonterade intäkter med diskonterade kvantiteter.
Källa: Egna beräkningar.

TABELL 11.2. Välfärdsförändringar till följd av avreglering, miljarder kronor diskonterat till 1996.

| | *Basscenario* | *Oförändrad kärnkraft* | *Oförändrade fasta produktionskostnader* | *Oförändrade nätkostnader* | *Mindre handel* | *Elprisökning utöver* KPI | *Elpriser följer kostnader* |
|---|---|---|---|---|---|---|---|
| Hushåll | -0,4 | -0,4 | -0,4 | -3,0 | -0,4 | 2,3 | -11,5 |
| Företag | 1,2 | 1,2 | 1,2 | -0,2 | 1,2 | 3,4 | -8,6 |
| Industri | 3,4 | 3,4 | 3,4 | 2,6 | 3,4 | 6,2 | -9,7 |
| Alla användare | 4,2 | 4,2 | 4,2 | -0,6 | 4,2 | 12,0 | -29,8 |
| Användare som bytt leverantör | 4,6 | 4,6 | 4,6 | 2,6 | 4,6 | 9,0 | -13,1 |
| Användare som inte bytt leverantör | -0,4 | -0,4 | -0,4 | -3,2 | -0,4 | 3,0 | -16,7 |
| Producent-/leverantörsvinst | 8,1 | 6,6 | 4,0 | 8,1 | 8,1 | 0,7 | 40,7 |
| Nätföretagsvinst | -1,4 | -1,4 | -1,4 | 0,1 | -1,4 | -1,2 | -2,4 |
| Förändring av skatteintäkter | 0,1 | 0,1 | 0,1 | 0,4 | 0,1 | -0,2 | 1,3 |
| Oviktat | 10,9 | 9,5 | 6,9 | 8,1 | 10,9 | 11,2 | 9,7 |
| Viktat | 10,9 | 9,4 | 6,8 | 7,9 | 10,9 | 11,3 | 9,0 |

Källa: Egna beräkningar.

scenario minskar detta de beräknade vinsterna med avregleringen från 10,9 miljarder kronor (diskonterat) till 9,5 miljarder kronor.

## Oförändrade fasta produktionskostnader

I basscenariot utgick vi ifrån att avreglering uppmuntrade producenter att minska sina fasta kostnader i förhållande till den nivå de skulle ha haft om regleringen fortsatt. Vi höjde därför de fasta kostnaderna per MW kapacitet med 1 procent under 1997, 2 procent under 1998 och så vidare. Ett alternativt antagande är att producenterna skulle ha minskat sina kostnader lika mycket även om regleringen fortsatt, förutsatt att flera av de minskningar som vi sett under årens lopp varit av ett slag som låg utanför deras kontroll, exempelvis skatter. Vi genomförde därför beräkningar för ett scenario där producenternas fasta kostnader var desamma med fortsatt reglering som under avreglering. Detta skulle naturligtvis ha påverkat producenternas vinster och därmed välfärdsnivån, men konsumenternas välfärd skulle inte ha påverkats av förändringen.

Skillnaden i fasta kostnader mellan de två kontrafaktiska scenarierna var 4 miljarder kronor, och detta var direkta vinster. Återigen minskade våra förändrade antaganden kostnaderna och höjde vinsterna under fortsatt reglering, och minskar därmed avregleringens vinster. Vinsterna inom produktion och försäljning beräknas fortfarande öka, men med 4 miljarder snarare än 8,1 miljarder. Den diskonterade sammanlagda välfärdsvinsten av avregleringen minskar från 10,9 miljarder kronor till 6,9 miljarder kronor.

## Oförändrade nätkostnader vid avreglering

I vårt basscenario antog vi att nätkostnaderna minskade med 1 procent om året som en sidoeffekt till avregleringen. Ett alternativt synsätt är, att medan avregleringen stimulerade till effektivitetsförbättringar i de delar av elsektorn som utsattes för marknadskrafterna, så fanns det inget behov för de mer skyddade, reglerade sektorerna att genomgå några förändringar. För att simulera detta genomförde vi helt enkelt ett kontrafaktiskt scenario med de befintliga nätkostnaderna och -avgifterna. Dessa förs vidare till slutpriserna, vilka direkt påverkar nätföretagens vinster, sprids vidare till efterfrågenivån, och påverkar indirekt produktion och vinster i producent- och försäljningsleden.

Alla slutkundpriser var lägre i detta kontrafaktiska scenario än i basscenariot med fortsatt reglering. Hushållens priser beräknades att vara lägre än de faktiska priserna, utifrån genomsnittet under perioden, och företagskundernas priser att vara ungefär desamma. Faktiska priser för industrikunder var fortfarande lägre är dessa beräknade priser med fortsatt reglering. Hushållens elkonsumtion var därför högre i detta kontrafaktiska scenario än i verkligheten, och industrikonsumtionen lägre, diskonterat över hela perioden. Medan högre konsumtion ökar produktionskostnaderna något, jämfört med det kontrafaktiska scenariot, så är minskningen av nätkostnaderna flera gånger större. Jämfört med de faktiska värdena är nätkostnaderna oförändrade och produktionskostnaderna högre.

Avreglering minskar hushållens och företagskundernas välstånd eftersom det nu inte sker någon minskning av nätavgifterna för att kompensera ökningar av elpriset. Industrikunderna, som fått större minskning av elpriset, gör fortfarande en vinst, men den är mindre. Nätföretagen får nu praktiskt taget oförändrade vinster, som ett resultat av avregleringen, medan de får det sämre i våra andra scenarier. Högre elpriser leder till högre skatteintäkter. Sammantaget minskar den diskonterade vinsten av avregleringen från 10,9 miljarder till 8,1 miljarder kronor. Detta är något mer än de 2,6 miljarder kronor i kostnadsbesparingar för nätföretagen, som avregleringen inte längre antogs medföra.

## Mindre handel med fortsatt reglering

I basscenariot antog vi att handeln skulle ha varit en tredjedel lägre om avregleringen inte ägt rum och Sverige inte gått med i Nord Pool. I det här scenariet antar vi att handeln under fortsatt reglering skulle ha varit 50 procent av den faktiska handeln. Detta skulle kräva mer produktion i Sverige under importår och mindre under år när landet var en nettoexportör. Detta skulle påverka kostnaderna och vinsterna för producenter och leverantörer, men, enligt våra bedömningar, inte påverka slutkundpriserna eller konsumenternas välstånd.

I praktiken var Sveriges handel nästan i balans under perioden. Under några år är produktionen i Sverige högre medan den under andra är lägre. Under perioden som helhet påverkas de diskonterade totala kostnaderna och vinsterna knappast alls. Detta är i själva verket på grund av att med en ganska platt utbudskurva är skillnaden mellan marginalkostnaden för svensk elkraft och marknadspriset på utländsk el liten. Samtidigt som det under perioden i dess helhet förekommer en del variationer från år till år, påverkar antagandet att det skulle varit ännu mindre handel i samband med avreglering våra beräkningar av avregleringens vinster i mycket liten grad – med mindre än 0,2 procent.

### Elprisökning utöver KPI med fortsatt reglering

Ett alternativt antagande om priserna, med fortsatt reglering, är att elpriset skulle ha stigit i reala termer, dvs. utöver konsumentprisindex, KPI, snarare än att ha varit oförändrade. Vi låter elpriserna stiga med 1 procent om året i reala termer från 1997 och framåt, vilket påverkar det slutpris som konsumenten betalar. Detta påverkar i sin tur efterfrågan och utbud, samt kostnader och vinster.

Genomsnittspriset är nu högre, under fortsatt reglering, för alla tre kundgrupperna och därmed blir konsumtionen lägre. Detta leder till en liten kostnadsminskning, i relation till det kontrafaktiska basscenariot, även om kostnaderna fortfarande är mycket högre i detta kontrafaktiska fall än vad de faktiska kostnaderna är. Men branschens vinster är nu högre i det kontrafaktiska fallet än i verkligheten.

Alla kundgrupper tjänar nu på avreglering, med sammantaget 12 miljarder kronor snarare än 4,2 miljarder i basscenariot. Vinsterna inom produktion och försäljning stiger något genom avreglering, men bara med 0,7 miljarder kronor. I själva verket har kostnadsminskningen till följd av avregleringen nästan helt överförts till kunderna i form av priser som är lägre än de priser som antogs i det kontrafaktiska scenariet med fortsatt reglering. I basscenariot, med oförändrade priser (i genomsnitt under perioden), behöll industrin kostnadsbesparingen. Vi bör emellertid understryka att priserna föll med kostnaderna mot mitten av perioden, innan de steg med mer än kostnaderna mot slutet av perioden. Den beräknade, sammantagna vinsten med avregleringen har ökat något, till 11,2 miljarder kronor. Detta visar att prisförändringarnas inverkan huvudsakligen sker genom överföring mellan konsumenter och elsektorn, snarare än förändrar det samlade välståndet i Sverige.

### Elpriset följer produktionskostnaderna

Vårt sista fall utgår från antagandet att elpriset skulle ha utvecklats i linje med genomsnittskostnaden för elproduktion under fortsatt reglering. Vi drar ifrån de antagna försäljningskostnaderna från 1996 års elpriser, multiplicerar resultatet med förändringen av genomsnittskostnaderna från 1996 och framåt, och lägger tillbaka försäljningskostnaderna. Produktionskostnaderna föll under största delen av perioden och därmed innebär detta antagande lägre priser under de flesta av åren än i våra andra kontrafaktiska scenarier.

Detta är det enda kontrafaktiska scenariot där priserna blir lägre än de faktiska priserna för samtliga kundgrupper. Framför allt industrikunder skulle ha fått genomsnittspriser som var nära 10 procent lägre än de faktiska priserna. Skatteintäkterna är lägre, medan vinsterna i nätverksamheten ökar något på grund av konsumtionsökningen.

Konsumentgrupperna förlorar i detta scenario nästan 30 miljarder på avregleringen, diskonterat tillbaka till 1996. Elbranschen däremot tjänar nästan 40 miljarder kronor. Detta beror på att avregleringen antas minska dess kostnader utan att tvinga den att sänka sina priser. Detta scenario bygger på antagandet att fortsatt reglering kunde ha pressat ner priset. Den sammantagna välfärdsförändringen på grund av avregleringen är emellertid fortfarande positiv, och nästan lika stor som i vårt basscenario, 9,7 miljarder kronor. Återigen är prisförändringarnas inverkan huvudsakligen fördelningsmässig.

### Sammanfattning

Sammanfattningsvis verkar avregleringen ha skapat välfärdsvinster i vårt huvudscenario, och den fortsätter att göra det under varje år i samtliga de alternativa scenarier som vi undersökt. Vi anser därför att våra huvudresultat står fast även med rimliga variationer i våra antaganden, men undersöker ändå ett sista scenario i nästa avsnitt.

## Vattenkraftproduktionens inverkan

I en region med hög andel vattenkraftproduktion är elpriset mycket känsligt för tillgången på vatten. Vi har redan nämnt de exceptionellt låga nederbördsmängderna under hösten 2002, vilka ledde till höga Nord Pool-priser under 2002/03. Dessa priser överfördes till konsumentpriserna, och bär åtminstone en del av ansvaret för den kraftiga minskningen i konsumenternas välfärd som vi beräknat att avregleringen orsakade mot slutet av perioden. Vi noterar dock också att marginalerna i försäljningsledet förefaller att ha ökat under 2003. Tillgången på vatten var emellertid ovanligt god i mitten av den studerade perioden, och detta pressade råkraftpriset under de åren.

I det här avsnittet ställer vi frågan vad som skulle ha hänt om tillgången till vatten, och storleken på vattenkraftproduktionen, hade varit »genomsnittlig« under perioden, i Sverige och i grannländerna. Nordel offentliggör den totala kapaciteten vid vattenkraftverk i Sverige, och anger både faktisk kapacitet (i GW) och den produktion som kunnat uppnås under ett normalår (i GWh). För 2003 var den senare siffran 65 000 GWh om året, och eftersom ingen stor kapacitetsutbyggnad skett under vår mätperiod, så antar vid att den svenska vattenkraftproduktionen uppgick till denna mängd varje år.

I själva verket uppgick Sveriges vattenkraftproduktion till 67 000 GWh om året i genomsnitt under vår period, så vårt kontrafaktiska scenario innehåller en liten minskning i vattenkraftproduktionen. Under perioden i dess helhet balanserade Sveriges faktiska import och export av el varandra så gott som helt. I vår simulering antar vi i stället att Sverige skulle ha blivit en nettoimportör under de flesta åren, och använt utländsk produktion för att kompensera för en del av det inhemska bortfallet. Vi bygger våra nettoimportsiffror för årets samtliga månader på det faktiska genomsnittet för den månaden plus 50 GWh. Produktionen av kärnkraft var ovanligt låg under 2000 och vi ökade nettoimporten med ytterligare 500 GWh i månaden under det året för att kompensera för detta. (I själva verket var 2000 ett nederbördsrikt år då vattenkraften ersatte, och möjligen också orsakade, den minskade kärnkraftproduktionen, så en ökning av kärnkraftproduktionen kunde ha varit ett alternativ.) I vår modell ökar Sveriges energiexport utöver vår ursprungliga beräkning under varje månad när detta behövs för att hålla produktionen av konventionell värmekraft på plussidan, och denna effekt är stark nog för att skapa nettoexport under 1996, när kärnkraftproduktionen var särskilt stor i förhållande till efterfrågan (och den faktiska vattenkraftproduktionen var liten).

Vi behöver känna till priserna för denna handel. Vi antar ett årligt genomsnittligt råkraftpris på 160 kronor per MWh under åren fram till och med 2000 och ett pris på 220 kronor per MWh från 2001 och framåt. Det senare värdet är den högsta noteringen i det flacka segmentet i en kubisk regression av de månatliga genomsnittspriserna i relation till den månatliga värmekraftproduktionen under den perioden. Med andra ord, om vi ersätter månader med ovanligt hög eller låg värmekraftproduktion, som vanligen orsakas av god eller dålig tillgång till vatten, med månader med nästan genomsnittlig produktion kommer de flesta av våra iakttagelser att befinna sig i denna flacka del av sambandet, och det genomsnittliga priset skulle vara 220 kronor per MWh. Den tidigare siffran speglar de lägre bränslepriserna som rådde under 1990-talet.

Vi antar att förhållandet mellan avreglerade elpriser till slutkunder och råkraftpriser i vårt scenario skulle ha liknat de faktiska observerade förhållandena. Faktiska slutkundpriser steg direkt efter avregleringen, föll sedan under några år då råkraftpriset var lågt och steg sedan åter mycket kraftigt. Eftersom råkraftpriset i det här scenariet aldrig är så lågt eller så högt som i verkligheten, tyder det på att även slutkundpriser rör sig mindre här än vad de faktiskt gjorde. Vi antar att elpriserna för hushållskunder steg med 2 procent från 1996 till 1997, föll med 2 procent om året till 2000 och sedan steg med 2 procent om året. Priserna för företagskunder och de flesta industrikunder rörde sig i samma riktningar, men med 4 procent per år. Priserna för de största industrikunderna rörde sig med 6 procent om året. Figur 11.10 visar de faktiska priserna och de priser som vi antar skulle ha varit rådande under avreglering vid genomsnittliga vattenförhållanden. De faktiska och de simulerade priserna är så gott som lika under de första två, tre åren, men de simulerade priserna faller sedan långsammare än de faktiska gjorde, och därför är de avsevärt högre än de faktiska priserna år 2000. Trenden vänds sedan så att våra simulerade priser ligger under den faktiska nivån under 2002 och 2003.

Figur 11.11 jämför våra simulerade avreglerade priser vid genomsnittliga vattenförhållanden med de kontrafaktiska reglerade priser som använts i våra tidigare scenarier. Vi menar att elpriser som stiger lika mycket som konsumentprisindex förblir ett lämpligt kontrafaktiskt scenario, särskilt som det inte förekommer några kostnadschocker orsakade av årliga variationer i vattenkraftproduktionen. Efter de två första åren ligger våra avreglerade priser under de kontrafaktiska priserna med bevarad reglering och de blir kvar där under resten av perioden.

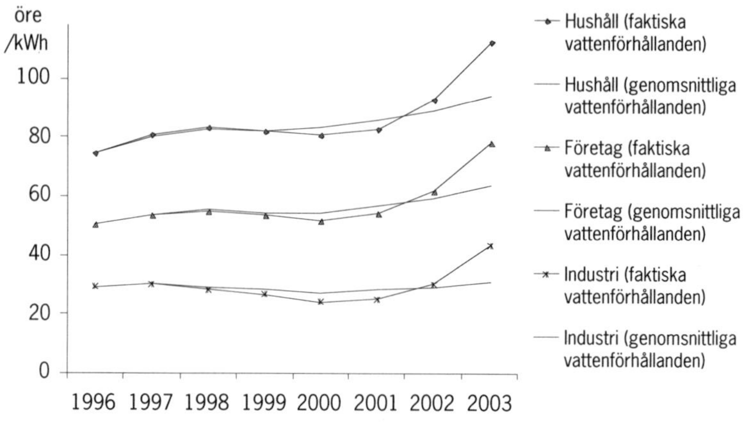


Källa: Egna beräkningar.

FIGUR 11.10. Elpriser i öre per kWh – faktiska och simulerade priser med avreglering.

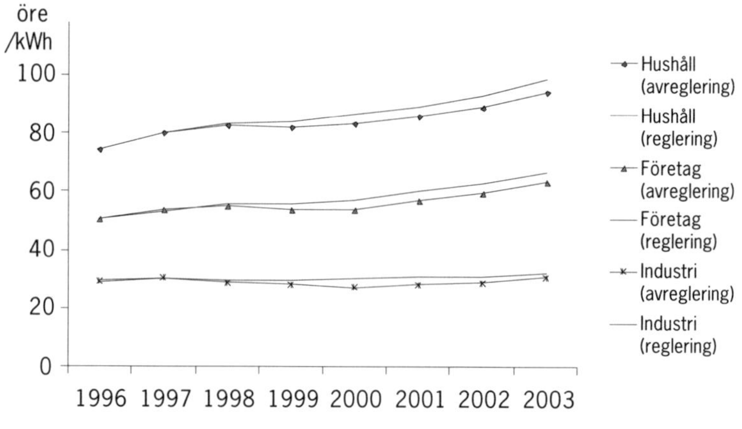


Källa: Egna beräkningar.

FIGUR 11.11. Simulerade elpriser i öre per kWh vid reglering och avreglering med genomsnittliga vattenförhållanden.

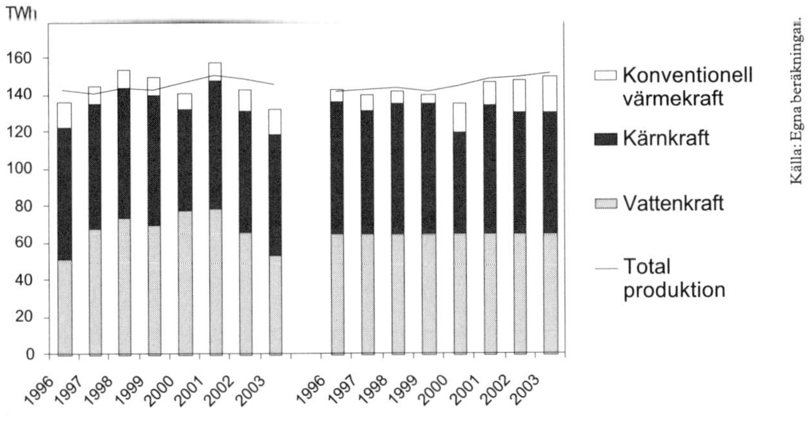


FIGUR 11.12. Produktion i TWh, faktiska värden (till vänster) och simulering av avreglering med genomsnittliga vattenförhållanden (till höger).

Den vänstra delen av figur 11.12 visar den faktiska elproduktionen, och den högra visar resultaten av vår simulering för den avreglerade marknaden. Vattenkraftproduktionen antas vara konstant. Det antas också att variationen av nettohandeln är mindre, även om vi utgick ifrån ytterligare import under 2000 för att kompensera för en del av minskningen av kärnkraftproduktionen, och på grund av den specificering av produktionsmodellen som beskrevs ovan ökade nettoexporten under 1996. Den konventionella värmekraftproduktion som blir resultatet ligger inom branschens tillgängliga kapacitet.

Vid en jämförelse av vår simulerade avreglering vid genomsnittliga vattenförhållanden med de faktiska värdena, visar det sig att vattenkraftproduktionen är lägre och konventionell värmekraftproduktion högre vid genomsnittliga vattenförhållanden, vilket framgår av tabell 11.3. Där finns en liten importminskning och en ganska stor minskning av exporten. Dessa förändringar är främst beroende av våra antaganden, men syftet med simuleringen är att upptäcka vad de leder till.

Med något lägre genomsnittliga priser, under år med genomsnittliga vattenförhållanden, skulle efterfrågan ha blivit något högre än i vårt basscenario. Produktionskostnaderna skulle bli något lägre, men vinsterna från produktion och försäljning skulle också ha blivit lägre i vår simulering än vad de faktiskt var, på grund av att priserna var lägre.

Hur står sig denna simulering i jämförelse med ett kontrafaktiskt scenario med fortsatt reglering under genomsnittliga vattenförhållanden? Vi gör samma prisantaganden som tidigare, med oförändrade energipriser i reala termer och nätavgifter som stiger med 1 procent om året (kumulativt) i relation till de faktiska nivåerna. Detta leder

TABELL 11.3 Resultat av kontrafaktiska scenarier, totalbelopp diskonterade till 1996.

| | *Faktiska data* | *Avreglering med genomsnittliga vattenförhållanden* | *Reglering med genomsnittliga vattenförhållanden* |
|---|---|---|---|
| *Produktion* (TWh) | | | |
| Vattenkraft | 434,3 | 420,1 | 420,1 |
| Kärnkraft | 432,7 | 432,7 | 426,5 |
| Konventionell värmekraft | 69,0 | 75,2 | 80,1 |
| Totalt | 938,5 | 930,5 | 929,2 |
| Import | 88,9 | 85,4 | 56,9 |
| Export | 91,3 | 77,6 | 51,7 |
| Förbrukning (TWh) | | | |
| Hushåll | 247,3 | 248,0 | 247,2 |
| Företag | 263,6 | 264,0 | 263,2 |
| Industri | 353,4 | 353,4 | 350,9 |
| Totalt | 864,4 | 865,4 | 861,3 |
| Pris (öre/kWh)[1] | | | |
| Hushåll | 85,4 | 83,5 | 85,4 |
| Företag | 56,8 | 55,6 | 57,3 |
| Industri | 29,3 | 28,9 | 30,3 |
| Kostnader (miljarder kronor) | | | |
| Produktion | 149,1 | 145,6 | 156,8 |
| Försäljning | 30,0 | 30,1 | 27,5 |
| Nät | 80,4 | 80,4 | 83,0 |
| Vinster (miljarder kronor) | | | |
| Produktion/Försäljning | 47,6 | 40,6 | 41,4 |
| Nät | 36,5 | 37,5 | 38,7 |
| Skatter | 120,7 | 120,0 | 120,6 |

1. Genomsnittliga priser, som erhållits genom att dividera diskonterade intäkter med diskonterade kvantiteter.

Källa: Egna beräkningar.

till genomsnittspriser som är högre än med avreglering (jämförelsen är mellan kolumn två och tre i tabell 11.3) för alla kundgrupper. Efterfrågan blir följaktligen lägre. Kärnkraftproduktionen antas bli mindre och kompenseras i hög utsträckning av ökad konventionell värmekraftproduktion, vilket ökar produktionskostnaderna. Detta leder inte till lägre vinster för producenter och leverantörer, i stället ökar de något, eftersom priserna är högre.

När vi undersöker välfärdsförändringar (tabell 11.4) finner vi att samtliga konsumentgrupper nu tjänar på avregleringen, oavsett om vi tittar på de tre huvudsakliga kundgrupperna eller delar in dem i sådana som bytte leverantör eller omförhandlade kontrakt och sådana som inte gjorde det. Branschens vinster har fallit något och skatteintäkterna är något lägre. Den sammantagna välfärdsvinsten är högre, 13,1 miljarder kronor, diskonterad med 5 procent till 1996, jämfört med en beräknad välfärdsvinst på 10,9 miljarder kronor med de faktiska vattenförhållandena. Eftersom kunderna klarar sig något bättre än elbranschen i det här scenariot är de viktade välfärdsvinsterna ännu större, 13,5 miljarder kronor.

TABELL 11.4. Välfärdsförändringar till följd av avreglering, miljarder kronor diskonterat till 1996.

| | *Basscenario* | *Genomsnittliga vattenförhållanden* |
|---|---|---|
| Hushåll | -0,4 | 5,4 |
| Företag | 1,2 | 4,9 |
| Industri | 3,4 | 5,5 |
| Alla användare | 4,2 | 15,7 |
| Användare som bytt leverantör | 4,6 | 9,8 |
| Användare som inte bytt leverantör | -0,4 | 6,0 |
| Producent-/leverantörsvinster | 8,1 | -0,8 |
| Nätföretagsvinster | -1,4 | -1,3 |
| Förändring av skatteintäkter | 0,1 | -0,6 |
| Total välfärdsförändring: | | |
| Oviktad | 10,9 | 13,1 |
| Viktad | 10,9 | 13,5 |

Källa: Egna beräkningar.

## Slutsatser av kostnads–intäktsanalysen

I samtliga scenarier som vi har analyserat har avregleringen ökat välfärden i Sverige. I vårt basscenario klarade sig industri- och företagskunderna bäst, och elbranschens vinster steg, medan hushållskunderna fick det något sämre. Kostnadsminskningar i branschen, och särskilt minskningen av kapacitetsmarginalen, har varit den främsta källan till de samlade välfärdsvinsterna.

Vi genomförde ett antal känslighetsanalyser, vilka minskade storleken på välfärdsvinsterna och förändrade deras fördelning, men som aldrig hotade att eliminera dem. Om elpriset skulle ha stigit i reala termer under fortsatt reglering, så skulle samtliga konsumentgrupper ha vunnit på avregleringen. Om de reglerade priserna skulle ha fallit i samband med minskade produktionskostnader, så skulle avregleringen ha varit till skada för alla konsumentgrupper, men fortfarande inneburit en sammantagen vinst för samhället eftersom ökningen av branschens vinster var större.

I en avslutande känslighetsanalys undersöktes vilken inverkan de ovanliga vattenförhållandena haft under perioden. Vi genomförde en simulering av avregleringen med genomsnittliga vattenförhållanden och jämförde sedan denna med ett kontrafaktiskt scenario med fortsatt reglering och genomsnittliga vattenförhållanden. I denna jämförelse skulle alla kundgrupper ha tjänat på avregleringen. Branschens vinster är något lägre, men den främsta källan till välfärdsvinster är kostnadsminskningar. I vår simulering överförs kostnadsminskningarna till konsumenter, och det faktiska förloppet överensstämmer med detta, fram till kostnadschocken vid periodens slut. Våra data i kostnads–intäktsmodellen sträcker sig bara fram till en tidpunkt då priserna fortfarande ligger i topp, men kurvorna i kapitel 2 visar att priserna fallit sedan dess, särskilt för andra användare än hushåll. Vi räknar med att priserna kommer att fortsätta att följa kostnaderna i framtiden, vilket säkerställer att vinsterna till följd av kostnadsminskningar delas mellan elbranschen och dess kunder.

# 12. Slutsatser

Vi menar att avregleringen av elmarknaden har varit bra för Sverige. Elbranschen har framgångsrikt bedrivit verksamheten med en mycket lägre kapacitetsnivå, i relation till efterfrågan, än vad som var fallet före 1996, och det även under den extrema situationen 2002/03. Undvikna investeringar är den främsta källan till vinster, vilka vi beräknar till cirka 11 miljarder kronor under de första åtta åren efter avregleringen.

Avregleringen har emellertid inte saknat vinnare och förlorare. Vi har beräknat att avregleringen sänkt priserna under de flesta åren efter 1996, vilket givit konsumenterna vinster (både hushåll och företag som köper el) och elföretagen förluster. De extremt höga priserna 2003 kastade emellertid om vinster och förluster, så att konsumenterna för ögonblicket förefaller ha fått det sämre och elbranschen bättre. Om priserna kan gå tillbaka till mer normala nivåer kan man räkna med att detta kastas om på nytt.

Det har funnits oro för att incitamenten till investeringar kanske inte är tillräckligt stora på en avreglerad marknad. I USA har kapacitetsmarknader blivit ett populärt sätt att öka incitamenten att investera i elproduktion. Vi tror att det kan finnas utrymme för en sådan marknad i Sverige, men vi ser helst att efterfrågesidan uppmuntras att delta mer på marknaden. Konsumenter som är beredda att minska efterfrågan när så krävs (mot skälig ersättning) kan fungera som en slags reservkraft, utan att dra med sig kostnader för att bygga en anläggning.

Investeringar i elnäten har också varit föremål för en del oro, efter ett antal elavbrott under senare tid. Avregleringen har naturligtvis inte direkt påverkat nätoperatörernas incitament, även om den kan ha haft indirekta effekter i den mån som avregleringen påverkat branschens övergripande funktionssätt. Vi anser att Energimyndighetens nya modellbaserade system för nätreglering har potential att ge goda incitament till investeringar. För en del företag kan emellertid dessa incitament inte vara tillräckligt starka, eftersom de tillåtna intäkterna endast samvarierar med företagets prestationer om det håller sig inom ett särskilt spann i förhållande till sitt mål. Vi föreslår olika sätt på vilka systemet kan förbättras så att det ger starkare incitament för dessa företag.

Vi konstaterar att Sverige i dag fungerar som ett enda prisområde inom Nord Pool, till skillnad från Norge, som kan delas i flera regionala prisområden. Vi anser att möjligheten att dela in Sverige i prisområden skulle innebära fördelar, och spegla de faktiska kostnaderna för att tillhandahålla el i olika delar av landet. I fråga om el har norra Sverige mer gemensamt med norra Norge än med södra Sverige, och om det blev tillåtet med regionala prisområden skulle marknadssignalerna visa detta vid de tillfällen då överföringssystemet är hårt belastat. När det inte finns några flaskhalsar kan priset vara lika över hela landet, precis som nu.

Vi har analyserat marknaden för gröna certifikat, som används för att stimulera till förnybar energiproduktion i Sverige, och som väntas bli utsträckt även till Norge. Vi tror att detta är en riktig mekanism för att stödja sådan produktion, och att den möjliggör hög flexibilitet. Vi konstaterar emellertid att prisutvecklingen kommer att bli en komplicerad process med dess återspegling av straffavgifterna för att inte inneha tillräckligt många certifikat, sannolikheten för brist på certifikat och förväntningarna om framtida priser. Vi rekommenderar att mer resurser satsas på modellarbete för att bättre förstå denna marknad.

Dessa är de specifika frågeställningar som vi valt att studera i den här rapporten. Vi tror att de är tillräckligt viktiga för att förtjäna att studeras, men vi tror inte att vi hittat några grundläggande problem som är i behov av omedelbara åtgärder. Vi är medvetna om att såväl El- och gasmarknadsutredningen (SOU 2004:129) som Regelutredningen (SOU 2005:04) nyligen granskat den avreglerade marknadens funktionssätt. Båda dessa utredningar har dragit slutsatsen att avregleringen fungerat relativt väl, men har presenterat förslag till möjliga förbättringar. Vi har avsiktligt försökt att titta på delvis andra frågeställningar än vad dessa utredningar behandlat, men är uppmuntrade av att deras övergripande inställning påminner om vår egen. Det finns helt klart olika sätt på vilka elmarknadens funktionssätt kan förbättras. Även om det har gått nästan ett decennium sedan avregleringen är detta inte förvånande, eftersom branschen är så komplex. Därtill kommer att många förändringar är svåra att genomföra i och med att de skapar både vinnare och förlorare. Det faktum att avregleringen skulle kunna fungera bättre innebär inte att den fungerar dåligt. Vi anser att avregleringen av elmarknaden har varit bra för Sverige.

# REFERENSER


Amundsen, E. S., och L. Bergman (2002), »Will Cross-Ownership Re-Establish Market Power in the Nordic Power Market?«, *The Energy Journal*, vol. 23, nr 2, s. 73–95.

Ando, A. W., och K. L. Palmer (1998), Getting on the Map: The Political Economy of State-Level Electricity Restructuring, Discussion Paper nr 98–19, Resources for the Future.

Andersson, B., och L. Bergman (1995), »Market Structure and the Price of Electricity: An *Ex Ante* Analysis of the Deregulated Swedish Electricity Market«, *The Energy Journal*, vol. 16, nr 2, s. 97–109.

Becker, G. (1983), »A Theory of Competition among Pressure Groups for Political Influence«, *Quarterly Journal of Economics*, vol. 98, nr 3, s. 371–400.

Bergman, L., T. Hartman, L. Hjalmarsson och S. Lundgren (1994), *Den nya elmarknaden*, Stockholm: SNS Förlag.

Bowitz, E., T. Bye, O. Rosnes och H. Vennemo (2000), The Nordic Electricity Reform: Economic and Environmental Consequences, Working Paper 3/00, ECON Centre for Economic Analysis.

Bushnell, J., E. T. Mansur och C. Saravia (2004), Market Structure and Competition: A Cross-Market Analysis of U.S. Electricity Deregulation, CSEM Working Paper nr 126, University of California Energy Institute.

Carlsson, F., och P. Martinsson (2004a), Willingness to Pay among Swedish Households to Avoid Power Outages – A Random Parameter Tobit Model Approach, Working Paper nr 154, Nationalekonomiska institutionen, Göteborgs universitet.

Carlsson, F., och P. Martinsson (2004b), Does it Matter When a Power Outage Occurs? – A Choice Experiment Study on the Willingness to Pay to Avoid Power Outages, Working Paper nr 155, Nationalekonomiska institutionen, Göteborgs universitet.

Damsgaard, N. (2003), »Why Deregulation? Economics and Politics in Electricity Markets«, i *Deregulation and Regulations of Electricity Markets*, Doktorsavhandling, Stockholm: EFI, Handelshögskolan i Stockholm.

Dixit, A. K., och R. S. Pindyck (1994), *Investment under uncertainty*, Princeton: Princeton University Press.

Domah, P., och M. G. Pollitt, (2001), »The Restructuring and Privatisation of Electricity Distribution and Supply Businesses in England and Wales: A Social Cost-Benefit Analysis«, *Fiscal Studies*, vol. 22, nr 1, s. 107–146.

ECON (2002), Handelsmarginaler och förutsättningar för elhandel, ECON Rapport 84/02, uppdaterad version, oktober 2002.

ECON (2003a), Tørrår i Norden. 2002: Høsten da tilsiget sviktet, ECON Notat 2/03, Oslo.

ECON (2003b), Tørrår i Norden. Hvor godt har overføringssystemet fungert?, ECON Notat 4/03, Oslo.

ECON (2004), Network regulation in the Nordic power sector, ECON Report 2004/52, Oslo.

Energimyndigheten (2004a), *Energimarknad* 2004, Eskilstuna: Energimyndigheten.

Energimyndigheten (2004b), *Energiläget i siffror* 2004, Eskilstuna: Energimyndigheten.

Energimyndigheten (2004c), *Hantering av begränsningar i det svenska överföringssystemet för el*, Eskilstuna: Energimyndigheten.
Energimyndigheten (2004d), *Prisområden som flaskhalshantering. En studie av konsekvenser för företagen*, Eskilstuna: Energimyndigheten.
Energimyndigheten (2004e), *Overhaul of the Electricity Certificate System – Sub-report, Stage* 2, Eskilstuna: Energimyndigheten.
Europeiska kommissionen (2004), *Third benchmarking report on the implementation of the internal electricity and gas market*, DG TREN Draft Staff Working Paper.
Friedland, C., och G. Stigler (1962), »What Can Regulators Regulate? The Case of Electricity«, *Journal of Law and Economics*, vol. 5, s. 1–16.
Galal, A., L. Jones, P. Tandon och I. Vogelsang (1994), *The Welfare Consequences of Selling Public Enterprises*, New York: Oxford University Press and World Bank Publications.
Glachant, J.-M., och V. Pignon (2005), »Nordic congestion's arrangement as a model for Europe? Physical constraints vs. economic incentives«, *Utilities Policy*, vol. 13, nr 2, s. 153–162.
Green, R. J. (2004), Electricity Transmission Pricing: How much does it cost to get it wrong?, CMI Working Paper EP63, University of Cambridge.
Green, R. J., och T. McDaniel (1998), »Competition in Electricity Supply: Will '1998' be Worth It?«, *Fiscal Studies*, vol. 19, nr 3, s. 273–293.
Hill, M., och B. Kriström (2005), *Klimatmål, utsläppshandel och svensk ekonomi*, Stockholm: SNS Förlag.
Hjalmarsson, E. (2000), Nord Pool: A Power Market Without Market Power, Working Paper nr 28, Nationalekonomiska institutionen, Göteborgs universitet.
Hjalmarsson, L. (1996), »From club-regulation to market competition in the Scandinavian electricity supply industry«, i R. J. Gilbert och E. P. Kahn (red.), *International Comparisons of Electricity Regulation*, s. 126–178, Cambridge: Cambridge University Press.
International Energy Agency (2004), *Energy Policies of* IEA *Countries: Sweden* 2004 *Review*, Paris: International Energy Agency.
Johnsen, T. A., S. K. Verma och C. Wolfram (1999), Zonal Pricing and Demand-Side Responsiveness in the Norwegian Electricity Market, Power Working Paper 063, University of California Energy Institute.
Jones, L., P. Tandon och I. Vogelsang (1990), *Selling Public Enterprise: A Cost-Benefit Methodology*, Cambridge, MA: MIT Press.
Kayserman, D., J. Mayo och P. Pacey (1993), »The Political Economy of Deregulation: The Case of Intrastate Long Distance Telecommunication«, *Journal of Regulatory Economics*, vol. 5, nr 1, s. 49–63.
KGS (1993), »Produktionsoptimering – Kraftbörs«, Appendix 5 till Svenska Kraftnät (1993).
Konkurrencestyrelsen (2004), Fusionen mellem Elsam og Nesa, rapport, mars.
Kroszner, R., och P. Strahan (1999), »What Drives Deregulation? Economics and Politics of the Relaxation of Bank Branching Restrictions«, *Quarterly Journal of Economics*, vol. 114, nr 4, s. 1437–1467.
Laffont, J.-J., och J. Tirole (1993), *A Theory of Incentives in Procurement and Regulation*, Cambridge, MA: MIT Press.
Larsson, M. (2004), »Ny leveranssäkerhet i Nätnyttomodellen«, Rapport MML Analys & Strategi A, januari, Åhus.

Layton, D., och K. Moeltner (2004), »The Cost of Power Outages to Heterogeneous Households – An Application of the Gamma Lognormal Distribution«, i A. Alberini och R. Scarpa (red.) *Applications of Simulation Methods in Environmental and Resource Economics*, Kluwer Academic Press.

Levine, M. (1981), »Revisionism Revised? Airline Deregulation and the Public Interest«, *Law and Contemporary Problems*, vol. 44, nr 1, s. 179–195.

Levine, M. (1989), »Comment on Peltzman«, *Brookings Papers on Economic Activity: Microeconomics*, s. 42–48.

Markiewicz, K., N. Rose och C. Wolfram (2004), Has Restructuring Improved Operating Efficiency at US Electricity Generating Plants?, CSEM Working Paper 135, University of California Energy Institute.

Newbery, D. M. (2002), »Problems of liberalising the electricity industry«, *European Economic Review*, vol. 46, nr 4/5, s. 919–927.

Newbery, D. M., och M. G. Pollitt (1997), »The Privatisation and Restructuring of the CEGB – Was It Worth It?«, *Journal of Industrial Economics*, vol. 45, nr 3, s. 269–303.

Noll, R. G. (1989), »Comment on Peltzman«, *Brookings Papers on Economic Activity: Microeconomics*, s. 48–58.

Nordel (2002a), Peak Production Capability and Peak Load in the Nordic Electricity Market: Introductory Background to the Seminar in Oslo 8 and 9 October 2002, Nordel och Nordiska ministerrådet.

Nordel (2002b), Översyn av elspotindelningen och förutsättningarna för mothandel på den nordiska marknaden, Rapport från Marknadskommittén, maj.

Nordel (2004), Regler for håndtering av flaskehalser, Rapport fra Nordel ad hoc gruppe, augusti.

Nordel (2005), Report on Financing and Organisation of Investments in Prioritized Cross-sections, Background report from the Nordel Market Committee, februari.

Nordhaus, W. D. (1995), *Kärnkraft och miljö – ett svenskt dilemma*, Stockholm: SNS Förlag.

Nordic competition authorities (2003), A Powerful Competition Policy: Towards a more coherent competition policy in the Nordic market for electric power, Report from the Nordic competition authorities, nr 1/2003, Köpenhamn, Oslo, Stockholm, 20 juni 2003.

NUTEK (1991), *Elmarknad i förändring. Från monopol till konkurrens*, B 1991:6, Stockholm: NUTEK.

NUTEK (1996), *Svensk Elmarknad* 1996, Stockholm: NUTEK.

Peltzman, S. (1976), »Toward a More General Theory of Regulation«, *Journal of Law and Economics*, vol. 19, nr 2, s. 211–240.

Peltzman, S. (1989), »The Economic Theory of Regulation after a Decade of Deregulation«, *Brookings Papers on Economic Activity: Microeconomics*, s. 1–41.

Posner, R. (1971). »Taxation by Regulation«, *Bell Journal of Economics and Management Science*, vol. 2, nr 1, s. 22–50.

SINTEF (2003), *Sluttbrukeres kostnader forbundet med strømavbrudd og spenningsforstyrrelser*, SINTEF Energiforskning AS, TR A5752.

SOU 1993:68, *Elkonkurrens med nätmonopol*, Delbetänkande från Ellagstiftningsutredningen, Stockholm: Allmänna Förlaget.

SOU 1995:14, *Ny elmarknad*, Delbetänkande av Energikommissionen, Stockholm: Fritzes.

SOU 2004:129, *El- och naturgasmarknaderna – Energimarknader i utveckling*, Slutbetänkande av El- och gasmarknadsutredningen, Stockholm: Fritzes.
SOU 2005:4, *Liberalisering, regler och marknader*, Betänkande av Regelutredningen, Stockholm: Fritzes.
Stigler, G. (1971), »The Theory of Economic Regulation«, *Bell Journal of Economics and Management Science*, vol. 2, nr 1, s. 3–21.
Stridbaek, U., B. Tennbakk,. P. Börre Eriksen och A. Hlaseth (2004), Supply Function Equilibria in thc Nordic Power Market. Observations and Simulations, ECON Working Paper.
Sturluson, J. T. (2003), *Topics in the Industrial Organization of Electricity Markets*, Doktorsavhandling, Stockholm: Handelshögskolan i Stockholm.
Svenska Elverksföreningen (1994), Avbrottskostnader för elkunder, Stockholm.
Svenska Kraftnät (1993), *Handelsplats för el. Utredning om förutsättningar för en svensk elbörs*, Stockholm: Svenska Kraftnät.
TEMO (2004), Byte av elleverantör. Den svenska elmarknaden efter elmarknadsreformen, oktober.
Waddams Price, C. (2005), »The Effects of Liberalizing UK Retail Energy Markets on Consumers«, *Oxford Review of Economic Policy*, vol. 21, nr 1, s. 128–144.
White, M. (1996), »Power Struggles: Explaining Deregulatory Reforms in Electricity Markets«, *Brookings Papers on Economic Activity – Microeconomics*, s. 201–250.